La Creación del Mundo y otros mitos de los Naxi

Pedro Ceinos Arcones

Los Papeles del Dragón Blanco
Kunming. 2014

ÍNDICE

Prólogo

En este libro se presentan una serie de materiales bastante diversos, reunidos o traducidos a lo largo de los últimos diez años. Es posible que la diferente procedencia de los materiales, y la diferente autoría de las traducciones, pues no es el mismo el "yo" de hace diez años que el de hace dos, sea visible todavía para algunos de los lectores, a pesar del esfuerzo que he realizado en proporcionarle una cierta coherencia narrativa y un cierto estilo uniforme.

La parte principal del mismo son los tres grandes mitos de la minoría Naxi: El mito de la Creación del Mundo, el de La Guerra entre Dong y Shu y la Historia de Kama Yumiji. Cada uno de ellos es un completo texto ritual utilizado en ceremonias especiales por los sacerdotes Dongbas, por lo tanto las traducciones originales de estos textos resultan difíciles de entender para los no iniciados. Están llenos además de recursos literarios útiles para la tradición oral, que aquí he simplificado en lo posible y de referencias a la historia, vida y cultura de los Naxi, que he aclarado por medio de algunas notas al pie de página, en tanto me han permitido mis humildes posibilidades. Los tres mitos son importantísimos para entender la cultura de los Naxi. Otro de los mitos básicos de este pueblo es *Congren Bandi busca la inmortalidad*, pues justifica la utilización de numerosas plantas y animales con fines medicinales.

Tras estos cuatro mitos hay otros breves cuentos que he traducido en distintos momentos, y que sin aportar ninguna visión especial de la cultura Naxi, pienso que pueden entretener a todos e ilustrar a algunos lectores en ciertos aspectos de su cultura. A continuación hay cinco cuentos del ingenioso Aydan, un personaje muy querido por todos los Naxi, cuyas historias se han contado durante siglos en las reuniones familiares, desgraciadamente casi desconocido en Occidente. Aydan es sólo uno de los muchos personajes ingeniosos presentes en la literatura oral de las minorías de China, un género completamente desconocido del que en un futuro próximo daré a conocer algunas muestras más. El libro acaba con unas páginas en las que se han traducido una pequeña muestra de los proverbios de los Naxi. Los proverbios son una importante herramienta educativa en los pueblos de tradición oral, permiten al

7

lector que observa su cultura desde el exterior hacerse una idea de las ideas filosóficas y morales del hombre de la calle. Son además, muchas veces, perlas de una sabiduría que podríamos llamar global, por lo que esperamos merezcan al menos algunas de ellos, unos minutos de reflexión por parte de los lectores.

La breve introducción con que se inicia el libro es un pequeño resumen de la información que proporciono en mi libro en inglés *Sons of Heaven, brothers of nature: The Naxi of Southwest China*. En el libro ya realicé un esfuerzo para presentar a los lectores los aspectos principales de la cultura china en un lenguaje comprensible para todo tipo de lectores, por lo que invito a leerlo a aquellos que se sientan interesados en conocer más sobre la cultura Naxi.

Considero que la mayor virtud de este libro es que proporciona a los lectores de habla hispana una serie de materiales nunca antes traducidos a nuestra lengua. Incluso para los lectores que dominen el inglés o el francés la mayoría de estos mitos no han sido traducidos nunca, pues sólo tengo constancia de la traducción de la Creación del Mundo al inglés y francés, y la segunda mitad del mito de Kama Yumiji al inglés. También se tradujo al español y otras lenguas la primera parte de este mito en una colección de cuentos populares chinos publicada en la década de los 80 del siglo pasado. Su mayor defecto posiblemente derive del extenso periodo de tiempo a lo largo del que se han reunido sus materiales. Por otra parte esta obra ni pretende ni consigue proporcionar una idea general de la mitología Naxi o de su literatura.

Quiero agradecer a Wei Hua su continua ayuda en la traducción de los pasajes más oscuros de estos mitos.

Por último, es preciso señalar que este libro, auto editado por el autor para ser leído en plataformas digitales o impreso sobre demanda, no se ha beneficiado de los laboriosos procesos de corrección de pruebas, comunes en las ediciones comerciales, que tanto mejoran la edición y presentación final de una obra.

Introducción

Los Naxi del Sudoeste de China

Los Naxi son una de las minorías más interesantes de China. Su cultura ha conseguido conservar una serie de características especiales que les convierte en uno de los grupos étnicos más originales de nuestro planeta, entre las que se incluyen la preservación de la única escritura pictográfica todavía en uso, así como la religión asociada con ella, el desarrollo de una filosofía que enfatiza el respeto y la conservación de la naturaleza, las tendencias matrilineales de su sociedad, y su capacidad de conservar tradiciones que ya han desaparecido en otros lugares.

Los Naxi son unas 280.000 personas que viven fundamentalmente en el noroeste de la provincia de Yunnan, especialmente alrededor de la ciudad de Lijiang, y en las tierras bajas de la cuenca del río Yangtzé, llamado Jinshajiang en esa zona. Su distribución, no obstante, tiene forma de media estrella, pues sus ímpetus conquistadores llevaron colonos Naxi hasta la cuenca del río Mekong, la frontera Tibetana y otros lugares remotos. A lo largo de siglos de ocupación de estas regiones los Naxi se han adaptado, transformando su cultura, a distintos ambientes. En general viven en las tierras bajas o de media altura, dejando las cumbres más inhóspitas a poblaciones Pumi, Lisu, Yi o Miao. El territorio de los Naxi está definido por el río Yangtzé y la Montaña del Dragón de Jade, el glaciar más meridional con nieve perpetua en el hemisferio norte. Su clima es continental, sin temperaturas extremas, con una estación lluviosa en verano.

El centro político, económico y cultural de los Naxi es la ciudad de Lijiang. Una ciudad antigua con más de 800 años de historia, que fue la residencia tradicional de los reyes Naxi y posteriormente de los gobernadores chinos. Una ciudad que en los últimos años, debido al desarrollo del turismo, ha visto disminuir alarmantemente su población Naxi. En las cercanías de Lijiang se encuentran otros lugares importantes para la historia Naxi, especialmente la aldea de Baisha, lugar ancestral de sus reyes, que conserva los templos más antiguos, y la montaña del Dragón de Jade, considerada en la época clásica una deidad protectora de los Naxi y sus reyes. Los Naxi que viven en estas llanuras cercanas a Lijiang, aunque son los más conocidos, son los que han recibido mayores influencias chinas, habiendo abandonado hace muchos años su cultura ancestral. Ésta ha evolucionado de forma distinta en otras cuatro regiones difícilmente comunicables entre sí, lo que permite hablar de otras cuatro zonas etno-geográficas, en cada una de las cuales la cultura Naxi ha conservado características especiales: las tierras que se alejan hacia la cuenca del río Mekong; las regiones de Baishuitai, al otro lado del río Yangtzé, donde la cultura Naxi se conserva con más celo; los territorios al norte de Lijiang, poco adecuados para el cultivo del arroz, que recibieron escasa influencia china; y las comunidades de la comarca de Eya, que han permanecido casi aisladas durante cientos de años, conservando algunas características culturales que pueden corresponder con las que eran corrientes en Lijiang hace 400 años.

Lenguaje:

La lengua Naxi pertenece a la familia Sino-Tibetana, grupo Tibeto-Birmano, rama loloísta, lo que nos hace esperar que su cultura esté especialmente relacionada con la de los Yi (antiguamente llamados Lolo), como sucede efectivamente en sus estratos más antiguos. Es un lenguaje que cuenta con cuatro tonos, 31 consonantes y 21 vocales. El orden de construcción de las oraciones es sujeto - objeto - predicado. La lengua Naxi se ha dividido tradicionalmente en dos grandes dialectos, el del Este, que correspondería al lenguaje Moso y el del Oeste, el de los Naxi propiamente dichos. En el Naxi hay al menos tres variedades bien diferenciadas, cuyos hablantes a veces experimentan dificultades para comunicarse: Son la variedad de Lijiang, con unos 30.000 hablantes, más influida por el chino; la variedad de las zonas centrales, hablada por unas 100.000 personas; y la variedad de Baoshan, hablada por las comunidades al norte de Lijiang. Pero hay poblaciones bastante aisladas y poco conocidas que hablan dialectos escasamente estudiados, como las ramas Rerke de Baidi, Lare de Eya o Lulu de Tacheng y Ludian.

La escritura pictográfica Dongba

Los Naxi tienen una escritura pictográfica llamada escritura Dongba ya que es habitualmente utilizada por los sacerdotes Dongba cuando llevan a cabo sus ceremonias, rituales y exorcismos. Esta escritura cuenta con unos 1.400 pictogramas, siendo por tanto el único lenguaje pictográfico todavía en uso en el mundo. Consiste en dos tipos de caracteres. Los propiamente pictográficos: dibujos estilizados de personas, animales, plantas, elementos naturales y objetos culturales, y los caracteres ideográficos utilizados como verbos o para expresar ideas abstractas. Pero además los pictogramas Dongba pueden ser utilizados por su valor fonético o como herramientas nemotécnicas.

La persistencia de la tradición religiosa Dongba durante siglos ha creado un número asombroso de escrituras, posiblemente más de 50.000 volúmenes de escritos sagrados que describen prácticamente cada aspecto de la vida y religión Naxi: historia, cultura, folklore, música, bailes, medicinas, y por supuesto, mitos y leyendas. Esto ha sido debido a que cada sacerdote Dongba tiene su propia biblioteca, necesaria para llevar a cabo correctamente cada una de sus ceremonias, ya que la historia de cada elemento que aparece en las mismas debe ser narrada para confirmar su presencia.

La construcción de los pictogramas Dongba es realmente curiosa. En realidad los poco más de mil pictogramas utilizados se derivan posiblemente de sólo un centenar de pictogramas básicos. Por ejemplo, vemos que una persona se representa por sus líneas básicas. Para representar a una persona perteneciente a uno de los diferentes pueblos que viven en la vecindad se destacan algunas de las características de sus atuendos (Fig. 1). Si lo que se quiere es expresar alguna de las actividades del hombre, se enfatiza la parte del cuerpo afectada: la boca, mano, pierna, etc.

11

Fig. 1. En la imagen superior, vemos de izquierda a derecha, los pictogramas para representar: persona, Naxi, Pumi, Yi, Lisu, Bai y tibetano.

Mirando ese aspecto de la escritura Dongba, puede parecer muy sencilla, pues se pueden aprender los pictogramas básicos sin gran dificultad. Pero la realidad es un poco distinta, pues esta escritura se complica tremendamente. De hecho no era una escritura que se utilizara para la administración o la literatura, sino sólo para las actividades rituales y religiosas. Como los únicos que las leían eran los sacerdotes Dongbas, que habían sido adiestrados en los fundamentos de la religión, sus ceremonias, y la utilización de los libros sagrados, éstos se convertían en sus manos, en unas herramientas puramente nemotécnicas.

A los Naxi no les parece bastante tener la escritura más original del planeta. Aún utilizan entre ellos otra escritura más, los llamados caracteres Geba. Una escritura fonética que cuenta con 686 caracteres y una gran complejidad, en la que existen varios centenares de libros. Hay además otros dos tipos de escrituras relacionadas con los pictogramas Dongba. La escritura Ruanke, utilizada por la rama Ruanke de los Naxi, que viven en la región de Eya; y la escritura Masha, desarrollada por una comunidad de apenas 100 familias que llegó hace 200 años a las cercanías de Weixi, a partir de los caracteres Dongba con que les instruyó un chamán.

Historia de los Naxi

Los Naxi son uno de los pueblos más antiguos que habitan la región noroccidental de la provincia de Yunnan. Se piensa que son descendientes de los antiguos Qiang, que habitaban en tiempos pre-dinásticos en la región de Gansu y Shaanxi. Los Qiang se vieron desplazados por la expansión de la China imperial, algunas de sus tribus huyeron hacia el oeste y otras migraron al sur a través de la actual provincia de Sichuan. De hecho, los libros de historia mencionan que en el siglo III, unos pueblos llamados Moxie o Moxie Yi, posiblemente antepasados de los Naxi, vivían en la región situada al este de su ubicación actual. Es posible que los Naxi y los Moso hayan tenido un origen común, pero se tienen noticias de que en el siglo VIII están en Lijiang y Yongning respectivamente, donde establecen sendos reinos.

Es posible que en aquellos tiempos la actual región de Lijiang ya estuviera habitada por otros pueblos del mismo origen: los Pumi, que podrían haber llegado a la zona varios siglos antes. Ni siquiera se puede asegurar que los Pumi fueran los primeros en llegar, pues tradiciones que enfatizan la transmisión del poder político por medio de las hijas de los jefes, pueden hacer pensar que tanto los Pumi como los Naxi fueron inmigrantes que lentamente se fueron estableciendo en esas tierras gracias a sus alianzas matrimoniales con las hijas de los jefes locales. Los antepasados de los Pumi y de los Naxi compartieron su dominio sobre la zona en un equilibrio de poder inestable, en el que dieron participación a los imperios chino y tibetano. Desde el siglo VIII al X, durante el mandato del Reino de Nanzhao, la familia Yang, relacionada con los Naxi, puede haber sido la más importante, arrinconando paulatinamente a los Pumi. Todavía hoy Baisha, el centro ritual de los Naxi, significa en su idioma: "Pumi muerto." Tras la caída de Nanzhao en el año 902 las familias La de origen Pumi, respaldadas por los tibetanos, disfrutaron de un tiempo de hegemonía.

No empezó a haber una cierta unidad política entre las tribus de la zona hasta que uno los primeros jefes del clan Mu, Maizong, hacia el siglo XIII, empezó a unificar a las distintas tribus bajo su mando. Cuando en el año 1253 el ejército de Kublai Khan llegó al territorio Naxi a atacar al Reino de Dali, el hijo de Maizong, Aliangzeng salió a recibirle a la orilla del río Jinshajiang. Desde esta primera alianza con los mongoles la relación de los Naxi con las dinastías dominantes en China fue inmejorable.

En el siglo XIII la dinastía Yuan establece la prefectura de Lijiang que será gobernada por un descendiente de Maizong con el título de *tusi* o señor local. Estos *tusi* de la familia Mu demostraron una gran habilidad política pues cuando el establecimiento de la dinastía Ming en China expulsó a los mongoles de dicho país, el descendiente en cuarta generación de Aliangzen, Mudeqin fue en persona a Nanjing, la capital de entonces, a entregar su tributo al emperador Hong Wu. De esta forma juró lealtad a la nueva dinastía y vio su jefatura respaldada por los chinos, que le nombraron Rey Mutian, disfrutando a partir de entonces de una cierta autonomía para gobernar los asuntos locales, y la obligación de entregar a la administración imperial los tributos que se establecieran así como de asistirla en las expediciones militares y la defensa de la frontera.

Convertidos en los más fieles aliados de los emperadores chinos en la zona, los reyes Mu de Lijiang se enfrascaron en una serie continua de campañas militares que durante los siglos XV y XVI jugaron un papel relevante en la extensión del imperio chino hacia las fronteras tibetanas. De hecho en la época de Wanli vencieron a los tibetanos en una gran batalla e incorporaron para Lijiang el distrito de Weixi. Años después la importancia militar de los Naxi disminuye, convirtiéndose Lijiang en el centro económico, comercial y cultural más importante entre Dali (capital de Yunnan) y Lhasa.

Su estrecha relación con los chinos genera importantes influencias culturales, técnicas y artísticas. En 1418 ya se fundan escuelas al estilo chino en Baoshan, Tongan y Julu. Con el estrecho contacto con los Han, el poder de los *tusi* de Lijiang va en aumento, las técnicas agrícolas traídas de los Han les ayudan a desarrollar una economía más avanzada que genera una mayor división social.

A principios del siglo XVIII, el furor de los primeros reyes Mu se había apaciguado, y el control de los tibetanos de la frontera no era tan urgente. Siguiendo la política del emperador Yongzheng de revertir las zonas autónomas al gobierno directo de la administración imperial, el último de los Reyes Mu fue depuesto en el año 1723 sin ninguna resistencia, pasando Lijiang a ser gobernada por magistrados nombrados por el gobierno. Esta fecha es clave para los Naxi, pues muchas de sus características culturales fueron abolidas, especialmente en la ciudad de Lijiang y las zonas más cercanas, implantándose las costumbres chinas. Especialmente importante para la sociedad Naxi, y para los lectores de este libro, fue la abolición del sistema matrimonial tradicional de los Naxi, en el que los jóvenes disfrutaban de libertad para elegir su pareja, por otro de estilo chino, en el que los padres formalizaban los matrimonios de sus hijos cuando estos aún eran niños. Es posible que las familias de Lijiang aceptaran sin ambages este tipo de matrimonio considerando que al ajustar los matrimonios desde la niñez, dificultaban el establecimiento en la ciudad de los emigrantes chinos (que siempre llegaban sin mujeres, pues las mujeres tenían prohibido viajar a estas zonas de frontera). El caso es que el fin de la libertad de amar para las mujeres dio inicio a la moda de los suicidios que durante más de dos siglos acabó con la vida de miles de jóvenes en Lijiang. Por otra parte, mientras en Lijiang, Weixi, y Zhongdian aumentó la producción y con ella la desigualdad entre los Naxi, los que viven en Baishuidai, Muli, y otras regiones alejadas, se mantuvieron más aislados del mundo exterior, manteniendo de esa forma su sociedad tradicional.

Durante los últimos años de la última dinastía la ciudad de Lijiang disfrutó de gran prosperidad, pues el florecimiento del comercio entre China y Tíbet, una de cuyas rutas más importantes conectaba Dali, Lijiang y Lhasa, comerciando con té, caballos y otros muchos artículos, llevó la prosperidad a la zona. La inestabilidad política que sufrió toda China durante la primera mitad del siglo XX no dejó inmune a Lijiang, aunque le permitió vivir una *belle epoque* magistralmente descrita en el libro *The Forgotten Kingdom* de Peter Goullard.

Tras el triunfo de la revolución comunista en 1949 el mundo Naxi se vio envuelto en numerosas transformaciones. Algunos aspectos de su cultura tradicional fueron abandonados, otros fueron directamente prohibidos durante los negros años de la Revolución Cultural (1966-76) cuando los sacerdotes Dongbas fueron perseguidos y sus libros y objetos rituales, destruidos o quemados. Las políticas de apertura al exterior y reforma económica puestas en marcha después del año 1978 impulsaron un nuevo renacimiento cultural Naxi. Las influencias del turismo, que lleva cada año a sus tierras a varios millones de turistas chinos y unos cuantos de miles de occidentales, han producido un enriquecimiento general de la población Naxi y un énfasis por la preservación de su lengua y cultura.

La religión de los Naxi

Los Naxi creen que el mundo está poblado por una multitud de espíritus, que siendo de diferente tamaño, carácter y disposición puede causar daño o proporcionar beneficios a los seres humanos.

15

Diferentes espíritus habitan en distintos objetos y fenómenos naturales, siendo los causantes de su actividad propia, así existen para ellos espíritus de las montañas, ríos y lagos, árboles y piedras especiales y otros muchos objetos. Entre estos espíritus los ancestros son de especial importancia. Los ancestros son los espíritus de los antepasados muertos, que habitando en las cercanías del lugar donde vivieron, pueden ser convocados por sus descendientes para que acudan en su ayuda. La relación de las personas y los espíritus no está sostenida por una fe, sino por una acción ritual que simplemente señala cómo deben ser las acciones de las personas ante los espíritus.

De esta forma podemos decir que ante dificultades que pueden ser causadas por los espíritus, los Naxi primero piden a un chamán *lhubu* que adivine la naturaleza del espíritu causante, y después a un sacerdote Dongba que realice el ritual oportuno para aplacar a ese espíritu. Esa es la base de la religión Dongba, que toma el nombre de sus sacerdotes o Dongbas. Una religión caracterizada por la falta de estructura, templos, cánones y especialistas a tiempo completo. Así como por la elaboración de una serie de obras de arte necesarias a sus ceremonias: pinturas, esculturas, libros, bailes y música, que han colocado a las obras de arte Dongba entre las más originales creaciones del género humano.

Los principales especialistas religiosos de los Naxi son por tanto los *lhubu* y los Dongba. Los *lhubu* (también llamados *saini*) o chamanes, son generalmente personas sin una formación especial, que en un momento determinado sienten que son llamados por el dios Sanduo, y que tras realizar una serie de ceremonias se consideran elegidos por él e investidos por tanto de ciertos poderes mágicos. Poderes que parecen potenciarse por medio del baile visionario. Antiguamente los *saini* eran siempre mujeres. Su relación con estados de trance queda señalada en el pictograma que las representa, en el que se ve una mujer bailando con el pelo suelto. Aunque el término chamán se ha aplicado indistintamente tanto a los Dongba como a los *saini*, solo estos últimos deberían ser asociados con ese término, pues entre los servicios que realizan los *saini* están: exorcizar a los espíritus malignos, adivinación y tratamiento médico.

Frente a ellos están los sacerdotes *dongba*, en realidad una casta de ritualistas que basa su eficacia en la recreación de la victoria original del pájaro garuda sobre la serpiente en tiempo mítico, por medio de complejas ceremonias. Estas ceremonias cuentan con un escenario presidido por las pinturas de los dioses principales, y un número de esculturas de dioses y demonios y de objetos naturales utilizados según un simbolismo muy preciso. En dicho escenario se cantan y bailan las ceremonias precisas siguiendo fielmente los textos presentes en unos libros religiosos escritos en pictogramas Dongba. La lucha entre el garuda y la serpiente es un motivo central de la mitología hindú llegada a los Naxi a través de la religión Bon de los tibetanos.

Los sacerdotes *dongba* conocen la escritura pictográfica del mismo nombre, tal vez la única escritura pictográfica utilizada hoy en día en el mundo, que los guía a lo largo de sus ceremonias en honor de los dioses de la naturaleza. Generalmente realizan las grandes ceremonias, como el culto al cielo, a las montañas o a distintas deidades, pero también pueden realizar ceremonias familiares. Además de ser muy hábiles en representaciones de arte religioso, muchos Dongbas son famosos por sus únicas habilidades mágicas.

Los Dongba mantienen una enseñanza trasmitida de padres a hijos. Suelen ser campesinos que a pesar de realizar actividades religiosas, no abandonan las tareas de producción. No tienen ningún poder, ni oprimen en forma alguna a los demás. La distinción entre ambos especialistas religiosos no es tan estricta en la práctica, y en ocasiones los sacerdotes *dongba* hacen también de *saini*, utilizando las escrituras o no dependiendo de la ceremonia a realizar.

No se sabe con certeza el tiempo ni las circunstancias de la creación de esta religión, cuya antigüedad algunos autores datan en dos o tres siglos y otros en ocho ó más. Según las leyendas su patrón es Dingba Shilou, lo que parece una adaptación del principal maestro de la tradición Bon, y su primer profeta fue Aming Shilou, un humilde personaje natural de la región de Baishuidai, donde por cierto es donde se mantienen con más pureza las tradiciones Dongba. La religión Dongba cuenta con importantes influencias de la religión Bon, y también lamaístas, así como budistas, taoístas, y de las tradiciones religiosas nativas de la zona.

Centrales a esta religión son los espíritus de la naturaleza, llamados Shu en su idioma, los verdaderos dueños del ambiente natural en el que viven las personas. Según los mitos Naxi los Shu y

17

las personas eran hermanos de la misma madre pero de padre diferente, que tras una serie de disputas decidieron dividirse el dominio del mundo. Mientras que los hombres se quedaban con el mundo civilizado, los Shu se convertían en los señores de la naturaleza salvaje. No cabe duda que los hombres penetran continuamente en los dominios de los Shu, y pueden causarles molestias inadvertidamente. Entonces caerán enfermos, y para sanar necesitarán la intermediación de un Dongba que compense a los Shu por el daño sufrido y les recuerde la victoria del garuda sobre la serpiente. Hay otra estirpe de dioses, puede que originados en una etapa cultural anterior, que ejercen su dominio sobre distintos lugares, de los que el más importante es Sanduo, patrón de Lijiang.

La principal deidad de los Naxi es Igu Ake, la primera gran causa, creador del huevo blanco del que surge todo cuanto existe. Igu Tina es su contraparte malvada, al que se atribuyen todas las cosas malas de este mundo. Saluwete (Soyiwade), creado por Igu Ake, es el principal dios del cielo. Haddu Oper (Heduwapa) es el gran dios de los huesos blancos, representado flotando sobre las nubes. Milidong Azu es el primer ancestro de dioses y personas, y la pareja Congren Lien y Cunhong Baobai (cuya historia conoceremos en *La Creación del Mundo*) la pareja que da origen a los Naxi. Hay otros muchos dioses importantes, como el dios del grano Omaha, los espíritus de las montañas Shizhi, así como las deidades domésticas presentes en cada casa de las que la más importante es el dios de la vida Ssu, donde se mantiene activa el alma de cada miembro de la familia. Generales celestiales Yuma y Derko tienen siempre un papel relevante en sus mitos.

Además hay un número importante de espíritus malignos, cada uno capaz de causar un trastorno a las personas, de tal forma que cada uno de los problemas que pueden afectar a una persona se considera causado por un demonio particular: demonios de la discusión, de la infertilidad, de los incendios, de las desavenencias conyugales, del grano que no madura, de la vaca que enferma, de las pesadillas, del reuma y otras enfermedades, y así un largo etcétera. Ni que decir tiene que los problemas causados por cada uno de estos demonios deben de ser enfrentados mediante una ceremonia determinada realizada por el sacerdote Dongba.

Las ceremonias Dongba pueden dividirse entre las que se realizan durante el desarrollo normal de la vida de las personas, como las que se celebran cada año en honor al cielo, las bodas o funerales, etc., y las que se celebran cuando sucede algo especialmente nefasto, como enfermedades, suicidios o muertes repetidas. En general las relacionadas con la vida cotidiana o pequeños trastornos de la misma son relativamente breves. Duran menos de un día, y se saldan con la lectura de uno o dos libros, mientras que las más complejas están reservadas para la enfermedad, el suicidio, o las muertes repetidas en una familia. Tal vez la propia necesidad espiritual de los afectados requiera que esas ceremonias duren varios días y participen en ellas un número variable de Dongbas.

Entre los Naxi también hay creyentes en el lamaísmo, la mayoría en la secta roja, que llegó a Lijiang en el siglo XVI, y desde finales de la dinastía Ming construyó cinco templos alrededor de la ciudad, cada uno con una actividad diferente. Los lamas proclamaron haber descubierto entre los Naxi algunos lamas o budas vivientes, pero muchas veces los padres de los niños se negaban a aceptarlo, cosa que parecía increíble a los lamaístas. La influencia budista estuvo centrada en Lijiang, y especialmente en los reyes Mu, que construyeron magníficos templos con algunas de las mejores pinturas murales de China, y la aristocracia más influenciada por los chinos.

La Cultura material de los Naxi

Los antepasados de los Naxi eran nómadas que habitaban en las praderas al este del Tíbet, que se sustentaban gracias a la caza y la pesca, el pastoreo de sus rebaños y tal vez una primitiva agricultura. Tras su establecimiento en la región de Lijiang sus modelos productivos se fueron transformando haciendo de la agricultura (especialmente de trigo) su principal actividad económica.

Pero alrededor de los principales asentamientos Naxi se encuentra una naturaleza salvaje con grandes bosques y montañas, en los que abundan la madera y los animales salvajes. En cierta forma esa tierra salvaje es propiedad de los espíritus Shu, por lo que las personas sólo pueden usarla de forma moderada y siempre tras rendir las ceremonias oportunas a esos espíritus. Hasta poco antes de la revolución, ese uso moderado de los recursos venía regulado por el Consejo de Ancianos de cada aldea, que era el encargado de autorizar a cualquiera de sus habitantes el consumo de madera para hacer una casa o para cualquier otra necesidad.

Oponiéndose a ese ámbito silvestre dominado por los espíritus Shu están las aldeas donde viven las personas. Cada aldea, protegida por una Deidad de la Aldea, cuenta con 20 ó 30 casas, generalmente formadas por dos o tres edificios que se abren a un patio central. Entre esas tierras salvajes y las civilizadas de la aldea se encuentran una serie de sitios sagrados, en los que se realizan la mayoría de las ceremonias religiosas: Lugar del Sacrificio al Cielo, del culto al viento, al dragón, al dios de la tierra, etc.

Cada casa a su vez está impregnada de un simbolismo que refleja el universo mental de los Naxi. A la puerta de cada casa hay dos piedras que simbolizan una pareja de deidades protectoras. En el interior está el poste del padre (más importante, en el centro), y el de la madre. Del poste del padre surge el principal espacio de la casa. El hogar alrededor del que se encuentra la plataforma para las actividades masculinas y la de las femeninas. Entre ellas está un altarcito a los dioses en el que frecuentemente se realizan ofrendas. El fuego, en medio del hogar, es considerado sagrado. Alrededor de él hay tres piedras que simbolizan al Dios del Hogar. Colgado en el poste está la cesta de las deidades familiares Ssv, que se cree contiene el espíritu protector de cada persona y recuerdan la conexión celestial de cada uno de los integrantes de esta familia. Dentro de la cesta hay una seria de objetos que simbolizan distintos aspectos de la vida y religión de los Naxi.

Mientras que los hombres generalmente no van vestidos de forma distinta a los chinos, las mujeres suelen llevar una falta azul y un chal a la espalda de piel de cordero. La forma de este chal simboliza el cielo y la tierra, y en su parte central suele haber siete círculos que representan el sol, la luna y los cinco planetas. En la zona de Baidi y el Eya las mujeres van vestidas de forma diferente, aunque su vestido incluye también el chal de piel de cordero.

El ciclo de la vida Naxi

Nacimiento

La vida de cada persona está marcada por una serie de rituales que marcan los momentos más importantes de su existencia, que en el caso de los Naxi se corresponden con los cambios en el estado de las deidades protectoras de la familia, los dioses de la vida Ssv. Al nacer se realizan ceremonias enfatizando el momento en que esas deidades se hacen presentes en el niño, al alcanzar la mayoría de edad se celebra la presencia inequívoca de estas deidades en la cesta familiar, durante el matrimonio se lleva ritualmente la deidad protectora de la esposa, desde la cesta de su casa de soltera a la de su marido, y tras la muerte el dios protector se mezcla de nuevo con el espíritu de la naturaleza.

Tras el nacimiento de un niño los principales rituales se centran en protegerle de los espíritus malignos, pues se considera que en ese momento es especialmente vulnerable. Esa primera fase culmina tras el primer mes, cuando tras un encierro postparto, madre e hijo salen por primera vez siguiendo a un Dongba que les abre el camino.

Aunque los ritos de paso han desaparecido en casi todas las comunidades Naxi, donde aún quedan vestigios muestran que en su día señalaban que el individuo ya había alcanzado la madurez, es decir, que ese espíritu Ssv que empezó a impregnarle con su nacimiento, ya está completo en su interior. Eso significa que habían alcanzado los poderes generativos correspondientes a su género.

Matrimonio

Se piensa que antiguamente los Naxi practicaban un tipo de matrimonio bastante liberal, como el de los Moso de la actualidad. La influencia china, sin embargo, patente en numerosos aspectos de su cultura, fue transformando la institución del matrimonio en una rígida prisión a la que los jóvenes Naxi nunca han llegado a acostumbrarse. Hay noticias efectivamente de un tiempo en que se gozaba de una libertad sexual absoluta, y de una primitiva etapa de patriarcado, en el que muchas mujeres aún se casaban más de una vez. No obstante, el matrimonio naxi en la época moderna es monógamo, patriarcal y arreglado por los padres. Aunque dejan cierta capacidad a los tíos maternos de elegir nueras entre sus sobrinas.

Los jóvenes permanecían en una situación curiosa, pues, a diferencia de los chinos, tenían libertad de mantener relaciones sociales prematrimoniales, aunque no sexuales, que estaban prohibidas, los embarazos abortados y los descendientes marginados. La fuerte censura social para el que violaba estas reglas unida a esa posibilidad de enamorarse libremente, pero no de casarse, producía frecuentes suicidios por amor, para los que los amantes se engalanaban y perdían la vida con la esperanza de ser felices en el paraíso.

En la zona de Lijiang la boda la preparaban los padres desde el nacimiento de sus hijos, con ayuda de adivinos y casamenteras. A los trece o catorce años se celebraba el pequeño casamiento, por el que se iban conociendo las familias. Desde entonces éstas se visitaban con frecuencia, y unos seis o siete años después los jóvenes se casaban definitivamente.

Ya hemos discutido con mayor detalle los aspectos matriarcales de la sociedad Naxi en *El Matriarcado en China*, por lo que aquí no necesitamos extendernos más en ese aspecto. No obstante es interesante señalar que de ninguna forma se puede considerar que todos los Naxi practicaran el mismo tipo de matrimonio, sino que había importantes variaciones entre los Naxi que vivían en unas regiones y otras. Estrechamente relacionados con los Naxi están los Moso, un pueblo que ha saltado a la fama internacional por ser considerado por muchos expertos como el último matriarcado. Ciertamente los Moso disfrutan de una gran libertad sexual, de familias constituidas en torno a las madres, en las que no existe el concepto de padre ni de marido, y de mujeres que se unen con sus amados mediante el matrimonio *"axia"* o de visita, llamado así porque el amado visita a la mujer por la noche en su cuarto, llamado cuarto de las flores, y la abandona por la mañana, sin tener ningún derecho sobre la mujer ni sobre la posible descendencia de esa unión. Esas uniones pueden durar días, semanas o la vida entera, pero el amante nunca tendrá derecho sobre la mujer ni su descendencia. Pues bien, si analizamos los caminos que comunican Lijiang y Yongning (el hogar de los Moso), en todos ellos encontramos que sus situaciones matrimoniales experimentan una cierta gradación, encontrándose mayor libertad entre los más cercanos a Yongning y mayor represión entre los más cercanos a Lijiang.

Funeral

Tras la muerte de una persona los Naxi realizaban una serie de ceremonias destinadas a asegurar que su alma se alejaba de la casa familiar y convertida en un ancestro, viajaba a reunirse con los otros ancestros familiares. Para ello había distintas ceremonias que dependían de la forma de muerte, así como del estatus de la persona dentro de la comunidad. En las muertes normales era muy importante colocar justo en el momento del fallecimiento unos granos de arroz y una moneda en la boca, que permitirían al alma viajar a la tierra de los antepasados. Tras notificar a los parientes y a amigos, velar, lavar y vestir el cadáver y otra serie de ceremonias comunes con los pueblos de China, la más especial de las ceremonias Naxi era el Conducir el Alma a las Tierras de los Antepasados. Para ello se usaba una gran pintura en papel, de entre 10 y 15 metros de largo por 20-30 centímetros de ancho, en la que se narraba de forma detallada los obstáculos que se encontraría el alma del finado, las pruebas que sufriría durante su paso por una especie de purgatorio, para acabar con su llegada al paraíso. Mientras la tela estaba extendida el sacerdote Dongba iba narrando con detalle todo el proceso para ayudar al alma en su camino.

El ciclo anual de los Naxi

El año ritual de los Naxi comienza el octavo día del segundo mes lunar, cuando se celebra en Lijiang el Festival Sanduo y en la zona de Baishuitai la ceremonia en honor de los espíritus de la naturaleza Shu. Aunque ya se ha sugerido la posibilidad de que el propio Sanduo no sea más que una manifestación de los Shu que controlan todos los espacios naturales, sus respectivas ceremonias son bien distintas. Tradicionalmente sólo el rey Mu y su corte iban a venerar a Sanduo en el Templo Beiyue, cerca de la aldea Baisha, mientras que al pueblo le estaba prohibido acercarse. Al considerarse a Sanduo la deidad de la montaña del Dragón de Jade, encarnada como un guerrero en algunas batallas decisivas, los reyes Mu se habían apropiado de su culto.

Las celebraciones del Año Nuevo en Baishuidai y en las aldeas de la región, son por el contrario una manifestación del fervor popular por esas deidades de la naturaleza que permiten a los Naxi sobrevivir en sus inhóspitos parajes. Mientras los sacerdotes Dongba leen las escrituras oportunas, en las que se narra una vez más cómo el hombre y la naturaleza son hermanos de la misma madre y el mismo padre, y se relatan ejemplos en los que la utilización por los hombres de los recursos naturales vienen legitimadas por las oportunas ceremonias, cada familia sacrifica un pollo a los espíritus de la naturaleza Shu, que es comido en una reunión familiar.

El Año Nuevo chino se celebra con gran énfasis en Lijiang, donde la influencia china es mayor; sigue unos patrones semejantes a los del resto de China, con su simbolismo de la renovación del mundo y la vida, la reunión familiar y las visitas a los vecinos. En los días posteriores al Año Nuevo, generalmente entre la primera y la segunda semana del año se celebra el Sacrificio al Cielo.

El Sacrificio al Cielo es la ceremonia más característica de los Naxi. Su celebración está íntimamente relacionada con la narración de su mito de la creación, traducido más adelante, y no cabe duda que mediante este culto a los antepasados y a las deidades naturales, cuya identidad de alguna forma se funde en la más remota antigüedad, los Naxi renuevan los favores que en tiempo mítico el dios del cielo Zilao Apu concedió a la primera pareja de humanos: Congren Lien y Cunhong Baobai. En esta ceremonia sólo participan los hombres. Muchos análisis se han hecho de la misma, encontrándose relación con ceremonias en honor del cielo realizadas en China hace casi 3.000 años, así como con las que hacen otros pueblos lingüísticamente relacionados con los Naxi. En algunas ocasiones esta ceremonia se repite, en menor escala, dos o tres veces a lo largo del año.

El otro de los festivales tradicionales de importancia es la Fiesta de las Antorchas, que se celebra el día 25 del sexto mes lunar. Este es considerado el Pequeño Año entre los Naxi. Hay muchos mitos sobre el origen de la fiesta, que si las antorchas fueron un recurso para librarse de la ira de los dioses, que si recuerdan una vieja heroína, etc. Hoy en día se encienden antorchas en cada casa y se deja que floten en los ríos barquitas antorcha. Ambas actividades están destinadas a expulsar a los malos espíritus y a mantener un ambiente seguro para la gente.

Los espíritus también son protagonistas en la Fiesta de los Espíritus Hambrientos, que se celebra del 12 al 14 del séptimo mes lunar, cuando se cree que los espíritus de los familiares muertos vuelven de visita, y la gente prepara una serie de ofrendas para agasajarlos; y en el Festival de Barrer las Tumbas, celebrado en la primera semana de abril, cuando cada familia sale de excursión a la montaña a barrer las tumbas de sus antepasados muertos. En la comarca de Eya las festividades tradicionales son completamente diferentes y habría que estudiarlas aparte.

Música, arte y literatura

Los Naxi son tal vez sea la minoría de China que cuenta con una cultura más desarrollada. Hay dos factores que han contribuido a que entre ellos se preserve una de las más ricas tradiciones culturales de nuestro planeta: su situación en la frontera entre el mundo chino y el tibetano, y la necesidad que tenía cada sacerdote Dongba de crear una serie de obras de arte necesarias a sus celebraciones: pinturas de diferentes tipos, esculturas, bailes, composiciones musicales: todo formaba parte de cada una de las ceremonias Dongba.

Música Naxi

La música marca entre los Naxi el ritmo de la vida y la relación entre los hombres y la naturaleza. A través de la música la humanidad participa del ritmo sagrado de la naturaleza, pide las bendiciones de los dioses, aplaca a los demonios y se convierte en parte de un mundo ideal caracterizado por la armonía entre el hombre y el ambiente que le rodea, así como en su vida social. Protagonista del trabajo y del ocio, de la tristeza y la alegría, del amor, del matrimonio e incluso del suicidio, la música impregna cada momento de la vida de los Naxi, desde el interior de sus casas a los espacios públicos de plazas y callejuelas. En el trabajo de cada día o en las fiestas y festivales, la música acompaña a los Naxi de la cuna a la tumba, y más lejos todavía, hasta el momento en que sus almas alcanzan la tierra de los ancestros. La música es el mundo sagrado de los Naxi.

El desarrollo de la música Naxi es sorprendente. La utilización de instrumentos musicales adquiere una impresionante variación. Desde las sencillas hojas de árboles o los tallos de cereales utilizados como instrumentos musicales, a su ubicua arpa de boca, o a los complejos instrumentos musicales de la tradición china y mongola utilizados en la Música Dongjing o los de la tradición tibetana utilizados por los Dongbas en sus ceremonias, todo tiene cabida en el universo musical Naxi. De entre las muchas composiciones musicales que les caracterizan, se han conservado tres que posiblemente sean únicas en este momento, y que pueden arrojar luz sobre las tradiciones musicales de oriente.

1. *El canto primitivo Remeicuo*. Remeicuo (también llamada *arere*) es una de las más primitivas tradiciones de canto y baile que aún se utilizan en nuestro planeta. Remeicuo es usar el canto y el baile para expulsar a los demonios llamados *remei*, que atacan los cadáveres de los muertos, comen su carne y beben su sangre. Remeicuo es representada en algunas zonas aisladas Naxis durante la noche del funeral en el patio del fallecido por gente de todas las edades. Durante el baile los parientes y amigos del finado se dan la mano y cantan y bailan lentamente alrededor del fuego en la dirección de las agujas del reloj a veces bajo la dirección de un sacerdote Dongba.

2. *Bashixile o la elegía pacifista*. Bashixile o la música de Baisha es una larga composición con una historia en episodios que se narra con el acompañamiento de instrumentos de viento y cuerda de al menos 700 años de antigüedad. Es por tanto una de las composiciones musicales más antiguas de la humanidad. Fue compuesta para conmemorar el trágico amor de la Princesa Dragón y un príncipe Pumi. Es un grito contra los horrores de la guerra y expresa los deseos de la gente de vivir vidas pacíficas y disfrutar de libertad de matrimonio.

3. *Música Dongjing*. La música Donjing es la más famosa actividad artística de los Naxi. Promovida activamente como la esencia de su arte musical es sin embargo una fusión de elementos culturales con una fuerte influencia china. Su origen es muy antiguo, entre 600 y 700 años, según los autores. Una música ritual de corte taoísta que se tocaba en los templos o en los patios de algunas casas privadas, que no evolucionó prácticamente desde su creación, lo que ha hecho que canciones y melodías antiguas ya desaparecidas en China se preserven hasta hoy en día en la música Dongjing de los Naxi. En el siglo XIX y XX había una serie de asociaciones músico-rituales por todo el territorio Naxi, en las que tocaban generalmente los miembros de la elite social más influenciados por la cultura china. Las ocasiones, los ritmos, y el momento en que se tocaba,

todo seguía un patrón casi religioso, que en cierta forma presenta varios paralelismos con el que se sigue durante las ceremonias Dongbas. Tras sufrir una importante represión tras la Revolución de 1949, esta música volvió a resurgir en los años 80 del siglo XX convirtiéndose hoy en día en el símbolo más visible de la cultura Naxi.

Baile Naxi

Como en otras manifestaciones artísticas de los Naxi su baile podemos dividirlo en un baile profano y otro sagrado. El baile Remeicuo, lento y continuo que acompañaba las ceremonias funerarias en algunas zonas, ha influenciado una serie de bailes profanos, como el baile *Alili* tremendamente popular en nuestros días, que se representa casi cada tarde en multitud de aldeas y ciudades Naxi, con una gran importancia en promover la cohesión social entre los miembros de cada comunidad.

Mucho más complejos son los bailes religiosos. Tanto los de los sacerdotes Dongba, que a través de los distintos bailes iban representando las acciones narradas en sus manuscritos, contando con numerosos bailes adaptados a los episodios más comunes en su mitología, como los bailes chamánicos por medio de los cuales las chamanes *llubhu* alcanzaban el trance. Es de destacar que los Dongba crearon y preservaron en sus manuscritos una notación única del baile.

Arte Naxi

Si ya hemos mencionado las dos corrientes que hacen único al arte Naxi: su posición fronteriza y la acción cultural de los Dongba; ambas alcanzan cotas muy brillantes en el arte. El mejor resultado de la cultura fronteriza de los Naxi son los frescos que desde el siglo XIV al XVI fueron decorando los principales templos de los alrededores de Lijiang. Hoy solo quedan los templos de Baisha, que considerados una de las más bellas muestras de la pintura religiosa Ming, tienen la particularidad de que exhiben una curiosa mezcla de estilos y personajes religiosos, un reflejo del origen de los distintos artistas que trabajaron en ellos. Pues aunque las pinturas son nominalmente budistas, en ellas aparecen personajes de la tradición taoísta y del lamaísmo. Esta probado que en su realización participaron pintores chinos, tibetanos y de las regiones cercanas.

En cuanto a la pintura de los Dongba, se expresa tradicionalmente en sus imágenes de dioses y demonios necesarias para sus ceremonias, pintadas algunas veces en papel y otras en madera, y de distintos tamaños según el lugar que vayan a ocupar en el altar. Generalmente hay grandes pinturas en tela o papel de las deidades que presidirán la ceremonia, y otras más pequeñas, sobre madera, que irán a formar las llamadas aldeas de los dioses y de los demonios. Con tantos cientos de Dongbas dedicados a la pintura algunos han dejado verdaderas obras de arte. La culminación del arte Dongba se encuentra en los llamados *Camino al Cielo*. Unos rollos de pintura de unos 15 metros de largo por 20-30 centímetros de ancho que se utilizaban durante los funerales por los sacerdotes Dongba como guía para leer al alma del finado las pruebas por las que debería pasar a través del infierno y el purgatorio para alcanzar el paraíso. En estas pinturas se encuentran a veces miles de personajes: toda una enciclopedia de las creencias religiosas de los Naxi.

Literatura Naxi

La literatura de los Naxi cuenta con más de 20.000 volúmenes de Escrituras Dongba, y numerosas canciones trasmitidas oralmente. Las escrituras Dongba tocan diferentes aspectos de la vida e historia, religión, ritos, medicina y astrología. Tal vez los más interesantes son los relativos a su historia mítica, como *La Creación del Mundo,* que junto con *El combate entre Dong y Shu*, y la *Historia de Kama Yumiji* constituyen la trilogía básica de su pensamiento. En ellos se va describiendo la formación del mundo a partir de una serie de transformaciones del aire y el sonido.

Entre las novelas de amor destacan las que acaban en suicidio, una practica muy extendida entre los jóvenes Naxi hasta hace bien poco. En ellas se mezcla el rechazo a los matrimonios arreglados por los padres, con la creencia en la existencia de un paraíso para los enamorados al pie de la Montaña del Dragón de Jade.

Mitos
y
textos

La Creación del Mundo

En los tiempos remotos el cielo y la tierra estaban en una continua agitación, los árboles podían andar, las piedras podían hablar. El cielo, la tierra, el sol y la luna, las piedras y árboles, agua y fuego, las montañas y los ríos aún no se habían formado, sin embargo existía el reflejo[1] del cielo y la tierra, el reflejo del sol y la luna, el reflejo de piedras y árboles, el reflejo del fuego y el agua, el reflejo de los ríos y montañas, y el reflejo de los ríos y corrientes[2].

Entonces una aspiración y un sonido se transformaron dando origen a un dios llamado Igu Ake, que a su vez se transformó dando origen a un huevo blanco. El huevo se transformó dando origen a un pollo blanco, que no tenía nombre, pero que se le llamó Enyu Enman por la casa de Dong[3]. Pasado un tiempo aspiración y sonido también se transformaron dando origen a un dios llamado Igu Tina, que a su vez dio origen a un huevo negro, que se convirtió en un pollo negro, pollo que no tenía nombre pero que fue llamado Fujin Annan por la casa de Shu.

Enyu Enman creció con un cuerpo muy, muy blanco y muy bello. Usó tres blancas nubes del firmamento para hacer su ropa, y tres manojos de hierbas de la pradera para hacer su nido, en el que puso nueve pares de huevos blancos, que tras ser empollados se

---

[1] Yingzi también se podría traducir como "sombra", aunque considero que "reflejo" es más apropiado en este contexto.

[2] Entre los propios Dongba existen distintas versiones de este mito, con pequeñas variaciones dependiendo de la ceremonia en la que se vaya a cantar.

[3] Dong y Shu se refiere a dos clanes, que es posible existieran en el tiempo en que la sociedad de los Naxi estaba organizada en torno a clanes. Son enemigos, uno representa el blanco y el otro el negro, por lo que su guerra, descrita con detalle en otro de los mitos fundamentales de los Naxi *La Guerra del Blanco y el Negro*, puede representar una visión dualista y maniquea del universo.

convirtieron en dioses y santos. Fujin Anman creció con un cuerpo negro, muy oscuro y extremadamente feo. Puso nueve pares de huevos negros, que tras ser empollados dieron origen a los demonios.

Los carpinteros que abrieron el cielo fueron nueve dioses poderosos; las artesanas que separaron la tierra fueron siete[4] diosas inteligentes. Su labor no pudieron completarla con éxito ya que cielo y tierra permanecían en continua agitación. Al ver que la separación del cielo y la tierra no era tan estable como deseaban siguieron buscando una forma, y así en el este erigieron un poste con una caracola blanca, en el sur erigieron un poste con jade verde, en el oeste uno con una perla negra, en el norte uno con oro amarillo y en el centro otro de hierro blanco. Entonces usando un zafiro empujaron el cielo hacia arriba, y usando oro amarillo presionaron la tierra hacia abajo. De esta forma el cielo y la tierra empezaron a separarse.

No mucho después, los dioses y santos deliberaban, los poderosos y los sabios discutían cual sería el mejor sitio para erigir una montaña sagrada. Se reunió entonces una gran fuerza y bajo la dirección del gran dios de las nueve alturas, al final se construyó la montaña sagrada Junaruolou[5] y el cielo y la tierra dejaron de moverse.

Sobre esa montaña había un pájaro lavandera[6] que tenía todo el cuerpo blanco, aunque en su cola tenía una pluma negra, o sea que tampoco se puede decir que fuera completamente blanco. Sobre ella vivía también un negro cuervo, que tenía todo el cuerpo negro, pero en su ala tenía tres plumas blancas, por lo que tampoco se puede decir que fuera completamente negro. La mariposa blanca. Se puede decir que personifica lo blanco, aunque su nacimiento tampoco sea

---

[4] En el simbolismo de los Naxi y otros pueblos de lenguajes y culturas relacionados con ellos el nueve es invariablemente símbolo masculino y el siete femenino. Mientras que la relación del número siete con la mujer está documentado entre otras muchas culturas de China y de todo el mundo, pues hace referencia a la semejanza del ciclo menstrual y el ciclo lunar, la asociación del número nueve con el elemento masculino, no tiene un origen tan claro.

[5] La montaña Junaruoluo es para los Naxi el *axis mundi*. El lugar donde se comunican el cielo y la tierra. Posiblemente sea una adaptación local del monte Sumeru de los hindúes o del Monte Kailás, sagrado para hindúes y tibetanos.

[6] También llamado aguzanieves, se caracteriza por tener el cuerpo blanco con algunas manchas negras.

tan bueno. Nace en el frío tercer mes de invierno, sus alas han perdido la fuerza por el viento helado del invierno, revolotea de acá para allá, acabando siempre al pie de la montaña. Esto seguro que demuestra su debilidad, viéndolo así, ella tampoco es una personificación de lo blanco. La hormiga negra, se puede decir que es una personificación de lo negro, pero su nacimiento tampoco es muy bueno, ya que lo hace en el amargo calor del tercer mes del verano. Su cintura es tan delicada que a veces no le permite superar las trombas de agua del verano, siendo arrastrada por el agua hasta mares lejanos. ¿Se puede considerar entonces una personificación de lo negro?[7]

En tiempos remotos, en lo alto surgió el sonido de un farfullo, y en lo bajo surgió el siseo de una aspiración. El sonido y la aspiración se fundieron dando lugar a tres gotas de rocío blanco, que acabaron formando tres grandes mares. En el centro del mar nació Henren. Henren engendró a Meiren, cuya séptima generación se convirtió en el ancestro del género humano, según la siguiente genealogía: Meiren Shishi, Shishi Ciyu, Ciyu Chuju, Chuju Jiuren, Jiuren Jiesheng, Jiesheng Congren, Congren Lien[8].

Congren Lien tuvo cinco hermanos y seis hermanas, que no tuvieron reparo en unirse entre ellos casándose. El hedor de un asunto tan pestilente llegó al cielo e hizo enfurecer a los dioses. Entonces el sol y la luna dejaron de brillar, las montañas y los valles empezaron a llorar. Las montañas se derrumbaron, la tierra se resquebrajó, el agua inundó todo augurando un severo desastre.

Congren Lien[9] subió a lo alto de la montaña. Quería atrapar al faisán plateado que estaba sobre un árbol, pero cuando llegó ya era muy tarde. Fue entonces a lo alto de la meseta, quería apacentar a los

---

[7] Este párrafo ofrece una vivida descripción del *taiji* o símbolo del *yin-yang* taoísta, destacando el énfasis en la existencia de puntos negros dentro del dominio de lo blanco y puntos blancos entre lo negro, es decir negando los valores absolutos y enfatizando un mundo en continua transformación.

[8] Un claro ejemplo de cómo se construyen los nombres de las personas entre los Naxi y otros pueblos relacionados con los Yi. Vemos que el hijo toma la última parte del nombre de su padre y añade su propio nombre.

[9] Congren Lien, protagonista de este mito, es una de las figuras más importantes de los Naxi, pues es considerado su primer antepasado humano.

rebaños de cabras blancas como nubes, pero también llegó demasiado tarde. Él no tenía habilidad para el trabajo y fue a aprender de la hormiga, tampoco tenía capacidad de divertirse y fue a aprender de la mariposa blanca. No sabía cultivar la tierra, pero utilizando un toro de ojos negros y un arado de madera de castaño, anduvo hasta el lugar del dios Dong y del dios Se, y roturó las tierras. Enfadados, estos dioses soltaron a un fiero jabalí de largos colmillos. De tal forma que lo que él cultivaba por el día, el jabalí lo destrozaba completamente por la noche. Entonces Congren Lien puso una trampa en el centro del campo recién roturado. Durante todo un día y una noche estuvo esperando al borde del campo sin ningún resultado, pero al segundo día por la mañana el jabalí cayó en la trampa.

Cuando Lien le hubo atrapado se puso muy contento. Entonces sacó el machete que llevaba a la cintura pensando en acabar cuando antes con el jabalí. Pero antes de que pudiera hacer nada un anciano de largo pelo y barba blanca, y una anciana apoyada en un bastón, se presentaron ante él con una sonrisa forzada. Ante su aparición repentina Congren Lien no supo dónde agarrarse y un sudor frío le resbaló por el cuerpo. Nervioso tomó el arado pensando en irse, pero en su precipitación golpeó con el arado al anciano, rompiendo un trocito del gorro de plata que llevaba sobre su cabeza. El anciano gritó y el cielo tembló. Cuando se iba a llevar la hoja del arado, lo hizo tan descuidadamente que golpeó el bastón de la anciana rompiéndole un trozo. La anciana dio un grito y la tierra se movió.

Congren Lien estaba muy asustado, así que se disculpó ante los ancianos: "Anciano ¿te duele? Te doy unas friegas, ¿vale?" Luego le dijo a la mujer. "Anciana, ¿te duele o no te he lastimado? ¿Quieres que te haga un vendaje?" El anciano dijo: "Congren Lien. Querías subir al árbol a atrapar al faisán plateado pero llegaste tarde. Querías ir a la meseta a apacentar tus cabras, pero te retrasaste. Vosotros, hermanos y hermanas habéis pecado gravemente, el castigo no tardará en llegaros.[10]"

---

[10] Es de notar que mientras que en muchas de las mitologías indígenas de China se produce un incesto tras el diluvio que permite la creación de la nueva humanidad a

Al escucharle Congren Lien se arrodilló ante ellos suplicándoles que salvaran su vida. Los dos ancianos al ver su actitud de sincero arrepentimiento le hablaron de esta forma: "Vas a matar un yak de pezuñas blancas y le vas a arrancar la piel para hacer un tambor, que coserás con una aguja fina y un hilo gordo. Sobre el tambor pondrás doce cuerdas largas. Ata tres cuerdas a la copa del ciprés, tres a la del abeto, suelta tres en el espacio y otras tres las sujetarás a la tierra. Coge una cabra bien gorda, un cerdo amarillo y un perro del mismo color, un gallo blanco como la nieve, nueve tipos de semillas de cereales y lo colocas todo en el interior del tambor. Además de no olvidar estas cosas, mete un machete y una hoz, y cuando todo esté listo, tú también te puedes sentar en el interior del tambor."

Cuando Congren Lien volvió a su casa contó lo sucedido a sus hermanos y hermanas, que enseguida se apresuraron a ir donde los ancianos a suplicarles su merced. Sin ánimo de extender a ellos sus favores, el anciano les dijo que mataran un cerdo e hicieran un tambor cosiendo su piel con una aguja gorda y un hilo fino, sin decirles que llevaran nada consigo, sino que bastaría con que se sentarán en su interior.

Tres días después el cielo empezó a rugir y la tierra a gritar; arriba las montañas se derrumbaban y los valles se agrietaban, los tigres y leopardos no pudieron salvar la vida; abajo el agua de la inundación lo arrastraba todo, ni las nutrias y peces podían moverse. El sol y la luna dejaron de brillar, sol y noche, todo quedó igual de oscuro y silencioso. El pino blanco quedó hecho trizas por un rayo, y Lien Jingu, el hermano de Congren Lien salió despedido a la novena nube, nadie sabe dónde quedó su cadáver y dónde fue enterrado. El castaño rojo quedó hecho añicos por una explosión, Lien Kuagu, otro de sus hermanos, fue despedido a la séptima capa de la tierra, sin que sepa dónde quedó su cadáver ni dónde fue enterrado. Los hermanos y hermanas de Congren Lien siguieron las instrucciones de los ancianos y perecieron durante la inundación.

---

partir de los dos hermanos que lo sobreviven, entre los Naxi, por el contrario, el diluvio que extermina a la humanidad es un castigo precisamente por el incesto de los hermanos de Congren Lien.

35

Lien estaba sentado en el interior del tambor, con sólo la obscuridad a su alrededor, y un sentimiento de terror y miedo. En ese momento llamaba al cielo sin recibir respuesta, quería pedir ayuda pero no sabía dónde. El tambor de piel flotaba en medio del mar. Estuvo flotando durante mucho tiempo, luego fue lanzado contra el flanco de una alta montaña y fue descendiendo por su ladera, sobresaltando a Lien, que tomó el cuchillo de su cintura y rajó el cuero saliendo al exterior. El panorama que descubrió le dejó estupefacto. Por todas partes sólo había desolación. No se veía ni una persona viva, ni un animal siquiera. Ante sus ojos solo había montañas y valles vacios extendiéndose sin fin. Al ver ese panorama no pudo evitar estallar en sollozos.

Caminó entonces hasta llegar bajo un gran abeto, de dentro del tambor soltó un cordero, que enseguida empezó a berrear.

"¿Por qué lloras?" Le preguntó.

"No es que llore de alegría" le contestó el cordero "sino que de cachorro me disteis hierba verde para comer y ahora que soy adulto no me la das. La hierba verde de la tierra no sé dónde la podré tomar. Lloro llamando a la hierba."

Del interior del tambor soltó entonces a un perrito, que inmediatamente se puso a ladrar sin descanso.

"¿Por qué lloras?" Le preguntó Congren Lien.

"No es que llore de alegría" le respondió el perro "sino que de cachorro me disteis sopa de arroz blanco para comer y ahora que soy adulto no me la das. La sopa de arroz blanco del mundo no sé dónde ha ido a parar. Llamo a la sopa de arroz blanco."

A continuación soltó a un pollito, que inmediatamente se puso a piar.

"¿Por qué lloras?" Le preguntó también a él.

"No es que llore de alegría, sino que de cachorro me disteis granos blancos para comer y ahora que soy adulto no me los das. Los granos blancos de la tierra no sé dónde han ido a parar. Llamo a los granos blancos."

Sobre la tierra no se veía ninguna persona, sólo se veían moscas. Moscas volando hasta llenar el cielo. No había ganado, sólo hierbas que se extendían hasta el infinito. Congren Lien se sintió sólo y triste. Sus ojos se llenaron de lágrimas. La nieve que se derrite desde las altas montañas, es para los hombres el agua más fría, pero su corazón estaba aún más frío. Congren Lien vestía sobre su cuerpo una basta túnica, a su hombro llevaba un carcaj con las flechas, y un gran arco de madera de morera. Mientras andaba iba cantando, pero nadie respondía con sus cantos[11], sólo los sonidos de la montaña y la respuesta de los valles le hacían compañía[12], y así, sin nada de qué preocuparse siguió caminando, pasando una existencia fría y solitaria.

No se sabe cuántos días pasaron hasta que llegó al pie de una gran montaña. Frente a él estaba la pradera Liconglina. Allí descubrió que se veía humo, un hilo de humo tan fino como el que asciende de una varilla de incienso; al llegar la noche distinguió un fuego que brillaba como la cresta de un gallo, cuyo resplandor teñía de rojo todo el cielo.

Entonces Congren Lien se dirigió allí. Junto al fuego se encontró con un anciano de larga barba, tan tupida como una enredadera y tan blanca como la nieve, que al llegar a su lado le dijo: "Sobre el mundo ya no hay humanidad." Al escuchar esa noticia Congren Lien se sintió asombrado, pero a la vez se sentía alegre por este encuentro, por lo que arrodillándose ante el anciano le suplicó: "Anciano, apiádate de mí. Sin nadie más en este mundo me siento tan triste y solitario, quiero tener alguien que trabaje conmigo por el día y repose a mi lado por la noche, pero si sobre el mundo ya no hay ninguna persona ¿qué remedio hay para mí?"

El anciano le dijo: "Al pie de la más alta de las bellas montañas que ves viven dos diosas. Hay una muy bella con los ojos verticales y otra que no lo es tanto con los ojos horizontales. Por nada del mundo debes olvidar que no puedes desear a la diosa de ojos verticales, ya que sólo te puedes casar con la que tiene los ojos horizontales." Congren Lien se despidió del anciano agradeciéndole sus palabras. Se puso en camino recordando sus instrucciones, dirigiéndose con su corazón lleno de alegría al pie de la alta montaña.

---

[11] Entre los Naxi, especialmente entre los pastores, es bastante común enzarzarse en cantos antifonales que algunas veces se inician incluso antes de que las dos personas se hayan visto, sino desde que uno escucha los cantos, o la música del "arpa de boca" del otro.

[12] Aquí empareja a las montañas con los valles en un canto antifonal habitualmente no perceptible para las personas.

Al llegar a la montaña efectivamente se encontró con las dos diosas y se sintió realmente contento. Una era muy bondadosa pero su rostro no le resultaba atractivo; la otra no parecía tan buena pero tenía unas pestañas tan bonitas. El cuerpo de Lien se sintió fortalecido, supo que tenía que controlarse pero no podía controlar sus sentimientos, no podía controlar sus ojos. Pensó: el cuerpo no es tan listo como el corazón, ni el corazón tan inteligente como los ojos. Y de esta forma desobedeciendo los consejos del anciano, eligió como mujer a la bella diosa de los ojos verticales.

Poco después de casarse la diosa se quedó embarazada. Lien estaba muy contento pues iba a tener un hijo, pero al llegar el momento del parto no nacieron personas, sino tres embriones seguidos. Del primero salieron un oso y un cerdo, del segundo un mono y un pollo, y del tercero una serpiente y una rana. Congren Lien empezó a sudar por todo el cuerpo, se sintió nervioso y asustado, entonces fue a ver al anciano a pedirle consejo. Éste le dijo: "No escuchaste mis palabras y ahora el castigo se presenta ante tus ojos. Cuando el caballo corre, sólo piensa en llegar, sin darse cuenta de que cuanto más deprisa corre más fácil es romperse la pezuña. Tú, realmente eres un jovencito que no distingue lo que es bueno de lo que es malo para sí mismo. Toma al oso y al cerdo y suéltalos en el bosque, al mono y al pollo suéltalos en alguna gran roca, a la serpiente y a la rana suéltalas en un estanque." Esta vez Congren Lien no se atrevió a negarse y siguió al pie de la letra las órdenes del anciano.

Milidong Apu[13] era un dios listo y poderoso. Hizo muchos muñecos de madera, algunos de sexo masculino y otros de sexo femenino. Un día se transformó en un anciano y saliendo al encuentro de Congren Lien le dio una caja con unos muñecos diciéndole: "Pronto podrás tener un compañero. Coge estos muñecos y llévatelos, pero hasta que no pasen nueve meses no puedes verlos." Lien se marchó con los muñecos, pero apenas habían pasado tres días cuando, ardiendo de curiosidad, abrió la caja para ver a los muñecos. Los muñecos tenían ojos pero no veían, sólo parpadeaban; tenían manos pero no podían coger cosas, sólo daban palmadas;

---

[13] El primer ancestro de dioses y personas.

tenían piernas pero no podían andar, sólo golpeaban el suelo con los pies. Entonces fue a contar este suceso a Milidong Apu. Tras escuchar su relato Apu se enfadó mucho, y tomando el machete que llevaba en la cintura, destrozó todos los muñecos haciéndoles añicos. Luego llevó algunos al interior de una cueva, es por eso por lo que en algunas cuevas hay eco; otros los llevó al agua, es por eso por lo que en el agua hay olas; y otros más los llevó al medio del bosque, y es por ello por lo que en el bosque hay bestias de cuatro patas.

Desde entonces Congren Lien empezó a vagar sin objetivo viajando de un lugar a otro. Si en su camino veía una serpiente, la mataba, si era un mono, lo mismo. Su corazón estaba lleno de odio, en su boca cantaba esta canción:

> En el cielo flotan las nubes blancas,
> que crían las blancas grullas,
> de bondad tan profunda como su pensamiento.
> ¿Cómo puede preocuparse de ser bondadosa
> La grulla que volando solitaria,
> Piensa con tristeza en su propia sombra?

> Sobre la ancha tierra sin límites,
> Donde mis parientes me criaron,
> Con su profunda bondad.
> ¿Cómo puedo preocuparme de ser bondadoso,
> si vago solitario y sin lazos
> deseando formar una pareja?

Mientras andaba iba cantando. Su mano no paraba de restregarse las lágrimas. Sin ningún objetivo siguió caminando hacia delante, siempre hacia delante. Anduvo de un lado para otro hasta llegar a la cima de una montaña nevada muy, muy alta. Con su mano tomó la hoja de un árbol poniéndosela en medio de la boca y la sopló suavemente. Según la soplaba sonaba mejor y mejor, pero cuanto más escuchaba la melodía él la sentía más sosa. Hasta que se preguntó:

"¿al final, para quién estoy soplando?" Se sintió tan triste, que inmediatamente masticó la hoja que tenía en su boca hasta triturarla[14].

Llegó a la orilla de un río que bajaba serpenteando. Su agua era limpia y cristalina. Se acercó a mirar, al ver su propio reflejo se sintió asombrado y asustado. Pues se vio débil y delgado, muy feo. No se atrevió a volver a mirar, si no que tomando una piedra la lanzó con furia sobre el río, y luego se fue.

Congren Lien, desesperado, se volvió al cielo pidiendo una mujer con la poder unirse para recrear la humanidad. Poco después llegó a la frontera entre el Blanco y el Negro, un lugar tan bello que era difícil de describir. Había un ciruelo con unas bellas flores blancas, entre ellas había dos que atraían especialmente su mirada, pues se abrían una frente a la otra de tal forma que parecía como si no pudieran separarse. Mientras estaba mirando absorto, de repente vio que llegaba andando una muchacha extremadamente bella, se llamaba Cunhong Baobaiming. Lien empezó a sudar un sudor frío, no sabía si sería algo bueno. Pensaba para sí: ¿cómo puede llegar una mujer tan bella a semejante lugar? Mientras la miraba extrañado y alegre, la muchacha le habló con dulces y tiernas palabras.

"El oriol revolotea solitario, pero esa forma de volar no es natural. Permíteme preguntarte a dónde vas."

"He oído decir a la gente que este es un buen lugar." Contestó él. "Los ciruelos florecen dos veces cada año, y bajo los árboles hay una buena muchacha. Es por ello que he venido aquí a buscarla."

Así cada uno explicó al otro su propia situación en una charla que resultaba muy convincente.

De hecho, Cunhong Baobaiming había sido prometida como esposa por su padre, el dios del cielo Zilao Apu a la familia celestial Meiloukeloukexing, en cuya casa había nueve hermanos. Cunhong no estaba de acuerdo con ese matrimonio, pero tampoco se atrevía a enfrentarse abiertamente con su padre, de ahí que estuviera muy deprimida. Ese día el tiempo estaba muy claro y sobre el limpio firmamento no había ni una nube. Ella se transformó entonces en una bella grulla blanca, y voló del cielo a la tierra, tal vez buscando

---

[14] La hoja todavía es utilizada entre los Naxi como instrumento musical.

también un marido, vagando de un lado para otro hasta que acabó bajo ese ciruelo donde se encontró con el joven Congren Lien. Ella consideraba que ese encuentro con Lien era muy afortunado y enseguida empezó a amarle en su corazón.

De esta forma, cuando llegó el momento de abandonar el bosque de ciruelos, Lien, escondido en las alas de la grulla blanca, voló con ella al palacio del cielo. Al llegar a la casa de Zilao Apu, su padre, para que nadie descubriera la presencia de su amado, Cunhong ató a Lien en medio de una cesta de bambú, escondiéndola en un ángulo tras la puerta.

Al llegar la noche, cuando Apu volvió de pastorear sus ovejas, llevó a sus animales al redil, pero como las ovejas coceaban y no querían entrar sacó al perro pastor al exterior. Pero el perro se dio la vuelta y se puso a ladrar mirando a la casa. Apu, enfadado empezó a gritar: "¿Qué cosa extraña ha llegado a nuestra casa?" Y mientras decía esto sólo se le veía afilar el cuchillo y frotarle nervioso.

Al ver a su padre tan nervioso Cunhong le preguntó: "Papá ¿por qué afilas la espada? ¿Por qué la estás frotando continuamente? La piedra donde las abejas han hecho su colmena aún no está caliente. Las abejas no pueden mudarse. Si el señor no es cruel los esclavos no pueden escapar. Los estanques no se han secado y los peces no pueden dejarlos." Luego, dándose cuenta que su padre pronto descubriría la presencia de Congren Lien, continuó: "Ay padre. El año que la montaña se derrumbó haciendo una grieta en la tierra, él no murió por la explosión que derrumbó la montaña. El año que el agua se desbordó e inundó la tierra, él no fue arrastrado por la riada pereciendo entre las aguas. Es un joven tan capaz y tan valiente. Le quiero, así que condúcele a casa con nosotros. Padre, te ruego que no te enfades. Los días en los que el sol brille le puedes mandar a secar el grano, o a vigilarle; los días que llueva le puedes enviar a cavar una zanja para drenar los campos. ¿No te parece bien así?"

Apu no lo podía soportar y gritando preguntó: "Bueno, al final ¿qué tipo de persona es? Yo quiero saberlo por mí mismo. Tráele aquí a mi presencia."

Congren Lien se bañó con el agua de nueve ríos hasta quedar blanco y limpio, luego frotó su cuerpo con nueve tortas de aceite hasta quedar brillante y pulido. Cunhong le llevó desde su cuarto a

41

través de nueve puentes afilados a la presencia de su padre. Cuando le tuvo ante sí Apu se puso a observarle cuidadosamente mirándole de arriba abajo una y otra vez. Con sus ojos recorría desde los pies a la cabeza del hombre muy lentamente, dejando que su mirada se parara por largo tiempo con cada detalle de su cuerpo. Así estuvo escrutándole durante mucho, mucho tiempo. Luego dijo: "Tú. Si no fuera por las uñas de las manos y las de los pies, no parecería que tuvieras ni una gota de sangre en este cuerpo. Si no fuera por las palmas de las manos y las plantas de los pies, sobre tu cuerpo no habría ni una arruga. Tu país natal, de donde viene el padre Akoulu parece que no ha transmitido a su propio hijo su prestigio y su poder. Tu, si el agua fluye hasta el bosque de pinos, seguro que no queda un lugar donde sobrevivan pinos. En el lugar donde proliferan las malas hierbas no hay forma de que crezcan las hierbas verdes. Hierbas verdes, que a la postre acabaran marchitándose."

Al escuchar sus palabras, a Congren Lien le dio la impresión de que el asunto no iba muy bien, así que arrodillándose ante Zilao Apu le suplicó: "Apu, sobre la tierra los hombres ya han desaparecido, yo he sido el único superviviente. Quiero que la vida continúe, por favor, entré, gueme a su buena hija como esposa."

Apu le dijo: "Ya sé que eres un joven con grandes habilidades. Está bien. Ve a cortar para mí los árboles de nueve bosques y vuelve."

Por la noche, cuando Lien estaba con Cunhong hablando de este asunto, ella le dijo la forma de cumplir esa tarea, y al día siguiente por la mañana Lien salió con nueve hachas que colocó en el centro de nueve bosques, luego empezó a cantar: "Blancas mariposas, venid a trabajar. Negras hormigas, venid a trabajar, que Lien también va a trabajar." Como resultado de esto, los árboles de los nueve bosques fueron cortados y Lien volvió al cielo muy contento. Cuando estuvo frente a Apu le suplicó: "La quiero, démela."

Apu dijo: "Es seguro que eres muy hábil pero aún no te puedo entregar a mi hija. Ve a quemar y dejar limpios los bosques donde has cortado estos árboles."

Cuando por la noche, Lien contó a Cunhong el nuevo encargo que le había cometido su padre, está le contó en secreto la forma de llevarlo a cabo. Y así al día siguiente por la mañana, Lien salió con nueve antorchas, que colocó en el centro de los nueve bosques ya cortados, luego empezó a cantar: "Blancas mariposas, venid a trabajar. Negras hormigas, venid a trabajar, que Lien también va a trabajar." Como resultado de esto, los nueve bosques fueron quemados y Lien volvió al cielo muy contento. Cuando estuvo frente a Apu le suplicó: "La quiero, démela."

Apu dijo: "Está claro que eres muy hábil, pero aún no te puedo entregar a mi hija. Ve a sembrar grano en los nueve bosques que acabas de quemar." Y le entregó nueve sacos de grano, diciéndole que roturara bien los campos, los plantara con cuidado, los inundara, los desaguara, cuidara los brotes hasta que los hubiera cosechado, y que entonces fuera a verle[15].

Congren Lien empezó el duro trabajo, mientras trabajaba iba cantando[16]. Al llegar al borde del campo empezó a cantar: "Blancas mariposas, venid a trabajar. Negras hormigas, venid a trabajar, que Lien también va a trabajar." Sin embargo, esta vez él mismo no movió ni un dedo, parecía un ciervo o un corzo, acurrucado como estaba durmiendo a la orilla del campo. En el momento en que se despertó todos los cultivos estaban recogidos. Esperó hasta que el grano estuvo maduro, y entonces llevó al hombro los nueve sacos de grano que acababa de recoger. Cuando volvió a casa, antes de que pudiera abrir la boca, Apu le dijo: "Te faltan tres granos, dos que están en el buche de la tórtola y uno que está en la tripa de la hormiga. Hábil muchacho busca la forma de traérmelos."

Al día siguiente por la mañana una tórtola voló hasta posarse en un árbol del jardín de la casa de Apu. En ese momento Cunhong estaba cosiendo. Al ver a la tórtola, llamó a Lien enseguida. Al verla éste preparó su arco y colocó una flecha con la intención de disparar

---

[15] Está describiendo el proceso de la agricultura de roza y quema: cortar los árboles, quemar la tierra, plantar el grano, cuidarlo, cosecharlo. Aunque en tiempos históricos no se ha descrito este primitivo tipo de agricultura entre ellos, es muy posible que haya existido en tiempos remotos.

[16] Las canciones del trabajo son todo un género literario de la literatura popular de los Naxi. En algunas ocasiones el propietario del campo donde se va a trabajar contrata a un cantante profesional que dirige la canción. La gente canta mientras trabaja y si al final de la jornada no se ha acabado la canción, seguirán en casa de alguno de ellos ante el fuego del hogar.

y matar al pájaro, pero cuando lo tuvo tensó, miró y miró, apuntó y apuntó, sin dejar salir la flecha. Al verle actuar de esa forma Cunhong se sintió muy preocupada, por lo que tomando el bastidor sobre el que tejía, le golpeó ligeramente en la mano. La flecha salió disparada y se clavó justo en el pecho de la tórtola, así se pudieron recuperar dos de los granos perdidos. Se dice que desde entonces el pecho de la tórtola tiene una marca, por el flechazo que recibió de Congren Lien en esa ocasión.

Sintiéndose muy contento Congren Lien se dirigió seguidamente a levantar una gran piedra bajo la que había muchas hormigas, que en un momento empezaron a alborotarse. Entre ellas había una con un gran bulto en la cintura. Lien utilizó un pelo de la cola de caballo para atárselo a la cintura, entonces presionó un poco y el grano perdido salió. Según se dice, si las hormigas tienen una cintura tan fina es debido a esa ocasión en que Lien les presionó. Lien tomó los tres granos y se los entregó a Apu diciendo: "La quiero. Démela." Apu dijo: "Es seguro que eres muy hábil, pero aún no te puedo entregar a mi hija. Esta noche nosotros dos vamos a salir a la montaña a cazar cabras montesas."

Lien, satisfecho, contó este suceso a Cunhong, que le dijo: "Debes de tener cuidado, cuando te diga que vayas a atrapar una cabra, es seguro que quiere convertirte en una cabra muerta." Y así le enseño a su amado un remedio.

Por la noche los dos salieron a cazar cabras. Al llegar a la parte posterior del pico, Apu dijo que estaba muy cansado y propuso a Lien dormir juntos en una oquedad de la montaña, Apu en la parte de dentro, y Lien en la de fuera. Apu había planeado esperar a que Lien se durmiera y darle una patada para despeñarle montaña abajo, pero por más que esperaba Lien seguía despierto y fue él quien se quedó dormido. Entonces Lien se levantó sin hacer ruido, envolvió una gran piedra con su manta, la colocó junto al pie de Apu, y alejándose en silencio volvió junto a Cunhong. En medio de sus sueños Apu dio una fuerte patada, haciendo que la gran piedra cayera al precipicio, que justo fue a caer sobre la cabeza de una cabra. Al día siguiente, antes de que el gallo cantara, Lien volvió a la montaña a ver qué había pasado, descubriendo una cabra muerta al fondo del precipicio, que cargó al hombro y se la llevó a casa.

Cuando Apu se despertó se dirigió de vuelta a casa; pero mientras Congren Lien había tomado el camino más directo Apu dio algunas vueltas, de tal forma que cuando llegó ya le esperaba Lien, que le dijo: "La carne de la cabra ya está colgada en la cocina, tenga la bondad de preparar los aperitivos para la cena de Apu, tenga la bondad de hacer el desayuno de su mujer Azi. Quiero a su hija, démela." Apu dijo: "Aún no puedo dártela."

Pasados unos días, cuando se hubo acabado de comer la carne de la cabra, Zilao Apu fue a buscar a Congren Lien y le dijo: "Realmente eres muy listo y muy hábil. Esta noche los dos vamos a salir a pescar al río." Lien se mostró de acuerdo y luego contó este suceso a Cunhong, que le dijo: "Ten cuidado. Cuando quiera que vayas a coger algún pez seguro que es porque quiere convertirte en un pez muerto." Y luego le enseñó el remedio para evitarlo.

Esa noche, Apu y Lien salieron de pesca. Al llegar a la orilla del río Apu dijo que estaba cansado, pidiendo a Lien que durmiera con él a la orilla del río. Apu se preparó para dormir con la cabeza mirando a la orilla, dejando a Lien con la cabeza mirando al río. Apu había planeado esperar a que Lien se durmiera para darle una patada y tirarle al río. Al llegar la tercera hora Lien aún no se había dormido y fue Apu el que se quedó dormido. Lien entonces se levantó sin hacer ruido, envolvió con su túnica una gran roca, que colocó junto al pie de Apu, y luego volvió sigilosamente junto a Cunhong. En medio de sus sueños Apu dio una patada a la piedra, que cayó al río dando justo en la cabeza de una carpa. Al día siguiente, antes de que el gallo cantara, Lien se acercó al río a ver qué había pasado, y descubrió que en mitad del río flotaba una carpa muerta, que cogió y se la llevó a casa[17].

Cuando Apu se despertó también se dirigió a casa, pero como tomó un camino más largo que el de Lien, al llegar se le encontró en la puerta diciéndole: "El pescado ya está en la tinaja, tenga la bondad de hacer la comida de Apu, tenga la bondad de hacer la sopa de Azi. La quiero, démela."

---

[17] Ahora queda probada su habilidad con la caza y la pesca, actividades que complementan a la agricultura en la economía de los Naxi.

Apu dijo: "Eres muy listo y muy hábil. ¿De veras quieres casarte con mi hija? Ve a buscar tres gotas de leche de tigresa, eso demostrará que en realidad sí eres listo y hábil y entonces casaré a mi hija contigo."

Tras escucharle Congren Lien se puso a sudar nervioso. Entonces dijo a Zilao Apu: "No importa qué cuerda le ate, todas son el hombre el que las trenza, y además las trenza muy tensas: pero ¿esa cuerda cómo la voy a poder trenzar? No importa el asunto que sea, todos los ha hecho el hombre, y muy bien hechos, pero este asunto ¿cómo lo voy a poder resolver?" Lien estaba enfadado y afligido, y además no había discutido el asunto con Cunhong, así que se fue corriendo derecho a un campo, donde recogió tres gotas de leche de gata salvaje y volvió al palacio a dárselas a Apu. Él pensó que la leche de todos los animales era igualmente blanca y no habría forma de notar la diferencia, pero Apu tenía una forma. Colocó la leche en el establo de los yaks y los toros, y éstos ni se inmutaron; la colocó luego en el establo de los caballos y las vacas, que tampoco se excitaron en absoluto. Por último la colocó en el corral de los pollos, que de inmediato se alborotaron y ruidosos empezaron a saltar para un lado y otro. Apu gritó enfadado: "¿Cómo que esto es leche de tigresa? Oye, jovencito, aún debes de preocuparte de ser un poco honrado y no estudiar la forma de engañar a la gente."

Por la noche, cuando Cunhong supo ese asunto, se acercó a consolarle y le dio un consejo: "Mañana por la mañana, vete a los altos desfiladeros. En la ladera sur hay una tigresa buscando comida, sus cachorros están en la ladera norte durmiendo. Tienes que aprovechar esa ocasión, mata a un cachorro con una piedra, luego le quitas el pellejo y te lo pones sobre tu cuerpo[18]. Espera hasta la hora de comer, y cuando la tigresa vuelva a alimentar a los tigritos, imita en todo sus movimientos. Si ves que los tigritos dan tres saltos, tu también los das; si rugen tres veces, tú haces lo mismo; entonces la

---

[18] Aunque el mito no hace mayor énfasis, es posible que los arcaicos chamanes de la dinastía Shang de China se ataviaran con una piel de tigre para realizar sus ceremonias y viajes chamánicos, vestir la piel de tigre es por tanto, experimentar una transformación.

tigresa se tumbará en el suelo y se dará la vuelta para alimentar a los cachorros, y tu podrás conseguir tres gotas de su leche."

En esa coyuntura entre la vida y la muerte Congren Lien sentía el ánimo muy pesado. Al verle tan deprimido Cunhong le dijo: "En ese lugar fronterizo entre lo blanco y lo negro, se han dicho tres sabias palabras, ¿verdad que es difícil que las olvides? Tienes que confiar en ti mismo, y también debes de confiar en mí. Como dice el proverbio: "Lo imposible, lágrimas, al hacerlo, alegría." Ya has sufrido tantas penalidades, que esta será la última, es difícil pensar que no me creas." Al escucharla Lien estalló en lágrimas.

Al día siguiente por la mañana Lien salió a los altos desfiladeros. Siguiendo el método que Cunhong le había mostrado consiguió las tres gotas de leche de tigresa. Al mediodía volvió a casa y se las entregó a Apu, que las volvió a probar de forma meticulosa, poniéndolas primero en el corral de las gallinas, que se quedaron tan tranquilas como de costumbre. Luego las puso donde las vacas y caballos, que empezaron a moverse inquietos. Las llevó por fin donde los yaks y los toros, que empezaron a dar saltos nerviosos. Entonces Apu dijo sonriendo: "Esta es verdadera leche de tigresa.[19]"

Esa misma noche Apu y Azi estuvieron discutiendo el destino de su hija. Azi no paraba de repetir: "Cunhong es nuestra hija, pero Lien no es tan bueno como ella. ¿Hay alguna forma de hacer que se separen?"

Apu aún no estaba del todo satisfecho por lo que al día siguiente le dijo a Congren Lien: "Tu, naturalmente eres listo y hábil, pero ¿quiénes son tus antepasados por parte de padre y de madre?"

Lien dijo: "Soy descendiente de los nueve dioses que abrieron el cielo y de las siete diosas que separaron la tierra; desciendo del que puede cruzar las 99 montañas sin cansarse, y de la que puede atravesar los 77 valles sin agotarse; soy descendiente del fuerte dios Jiugao Nata; desciendo del que puede comerse la montaña Baoshan sin llenarse, y de la que puede beber nueve ríos sin saciarse; desciendo

---

[19] Esta nueva prueba en la que la tigresa está presente, sugiere una realización con las transformaciones espirituales y psicológicas que este animal preside. Las palabras de Cunhong insistiendo en que se hayan de nuevo entre el Blanco y el Negro, sugieren las pruebas que acompañan una iniciación en ciertos misterios.

del que nunca será sometido y del que nadie puede matar; desciendo del que puede resistir cuchillos y venenos[20]. Soy a quien sus enemigos han querido exterminar; pero a pesar de todo sigo viviendo. Apu, Apu. La quiero. Démela.[21]"

Cuando Congren Lien acabó de hablar Zilao Apu no supo que decir. Luego, aún preguntó: "Naturalmente quieres casarte con mi hija. ¿Qué regalos has traído?"

Congren Lien le dijo: "El cielo es alto y como un manto cubre las estrellas, la tierra es grande, por todas partes crecen hierbas. Un camino tan largo, ¿cómo puedo traer cabras desde la tierra hasta el cielo? ¿Cómo cargar con oro, plata u otros tesoros? Estos días, he cortado un bosque para usted, le he quemado, he recogido una cosecha de cereales. Le he acompañado a los riscos a cazar cabras y casi me convierto en una cabra de piedra; he ido con usted a pescar a la orilla del río y casi me convierto en un pez muerto; he ido al lado oscuro a despellejar un tigrito, y al lado claro a tomar la leche de su madre estando a punto de ser devorado por la tigresa. Todo ese miedo es más preciado que rebaños de cabras y montones de oro y plata. ¿Cómo pensar que no se puede considerar regalo de pedida? Apu, Apu. La quiero. ¡Démela!"

Tras escucharle Apu no supo que decir, y además su opinión respecto a Lien cambió por fin, por lo que estuvo de acuerdo en entregarle a su hija[22].

---

[20] De nuevo vemos el simbolismo del número nueve con el aspecto masculino, las montañas y el cielo, y el del número siete con el femenino, los valles y la tierra.

[21] La genealogía mítica de Congren Lien, mucho más convincente que esta resumida viene reflejada en el artículo de He Baolin de *Research in Naxi Dongba culture*, p. 359.

[22] En esta parte del mito se refleja la libertad de matrimonio tradicional entre los Naxi, pues si hasta el dios del cielo debe aceptar que su hija se case con la pareja que elige, lo mismo deben hacer los demás. Esta libertad se intentó romper en la región de Lijiang tras la inclusión de la región en la administración china provocando una oleada de suicidios que duró hasta el siglo XX. Otros estudiosos afirman que este es también el primer matrimonio como tal entre los Naxi, el primero entre un hombre y una mujer, existiendo antes de esta unión un tipo de uniones temporales en libertad semejantes a las del matrimonio *axia* de los Moso. Esto queda implícito en este mito, donde cada noche Congren Lien se reúne con Cunhong Baobai.

Las nubes llenan el firmamento
La grulla blanca va a despegar
Pero aún no ha extendido sus alas.
Sobre los espesos bosques de las altas mesetas
El tigre quiere empezar a moverse
Pero aún no ha sido animado con su dignidad
En la aldea del cielo
En la gran tierra donde vive la humanidad
Hay una pareja que se quiere poner de viaje
Pero el hombre aún no tiene su espada
Y la mujer aún no se ha arreglado.

Un día, Cunhong vio a un tigre de color rojo vivo, pero no se atrevió a acabar con él, sino que al volver se lo dijo a Lien. Pasados unos días, Lien cazó al tigre y los dos se sintieron muy contentos. Cuando le quitaron la piel pensaron qué hacer con ella, y vieron que podían hacer tantas cosas. La ropa de piel de tigre daba un aire poderoso. La túnica de piel de tigre era suave y vistosa, la gorra de piel de tigre, el cinturón, el carcaj para las flechas; toda la ropa del hombre la hicieron con la piel del tigre, sin dejar nada para la ropa de mujer[23].

El tiempo pasó muy deprisa, pronto llegó el otoño, las cabras desde las mesetas bajaron a las praderas junto a los ríos. Cunhong era una mujer tan hábil que en ningún asunto quedaba por detrás del hombre. Ella cortó la lana de muchas cabras, y tejió varias prendas: Mantas, colchas, gorros, cinturones. Así preparó todo y no necesitó la dote de sus padres.

Pero al fin y al cabo era carne de su propia carne, y sabiendo que ellos querían bajar al mundo, Apu y Azi le entregaron una rica dote: nueve caballos para montar y otros nueve de carga; siete pares

---

[23] Entre los múltiples aspectos del simbolismo del tigre está el de ser la ropa o el asiento de la realeza. Este párrafo de alguna forma inviste a Congren Lien de poder, como primer antepasado, y a la vez especifica que ese poder no es compartido por su esposa Cunhong Baobai, sugiriendo unos tiempos en que ese poder sí era compartido. Para conocer más sobre el simbolismo del tigre ver mi libro *El Tigre en China: imagen y símbolo*.

de bueyes, nueve cuencos de plata y siete de oro; nueve tipos de semillas y siete tipos de animales, y muchas cosas más[24].

Pero entre los siete tipos de animales no les entregaron el gato. El hábil Lien robó un gato escondiéndole en su regazo y se lo llevó a casa. Luego cuando Zilao Apu vio que en la tierra también había gatos se enfadó mucho y le maldijo: "Ordeno que tras la llegada del gato al mundo, emita un ruido de sus pulmones, y su carne no se pueda comer." Así, hasta hoy en día al gato no se le considera un animal doméstico y su carne no se come, y ese ruido que emite es por la maldición de Apu.

Les dio los nueve tipos de semillas, pero no les dio la semilla del nabo. La lista de Cunhong robó un poco de semilla de nabo y la escondió en la hendedura de su uña, llevándosela a casa. Apu lo supo desde el cielo y se enfadó mucho maldiciéndola: "Cuando el nabo llegue al mundo, no podrá ser comestible, y además deseo que al cocerlo se convierta en agua." Por eso el nabo sólo puede hacer como verdura y es muy fácil que al cocerlo se deshaga en el agua.

Cuando Lien y Cunhong por fin se trasladaron del cielo a la tierra, no habían traído ningún perro y no se distinguía muy bien entre propietario e invitado; luego fueron a traer un perro y se estableció la diferencia entre propietario e invitado. En un principio tampoco habían traído ningún gallo, y no distinguían claramente el día de la noche; luego trajeron un gallo y hubo una distinción clara entre el día y la noche. Ellos usaban un cubo untado con grasa para traer el agua, consiguiendo que el agua clara llenara su aljibe; tomaban astillas de ciprés para hacer antorchas, obteniendo una luz que iluminaba todo.

Buscaron un día auspicioso para finalizar su mudanza. Ese día se levantaron muy temprano. Antes del alba se despidieron de sus padres y del Palacio del Cielo bajaron a la tierra. Anduvieron un día tras otro y al tercer día se levantó un viento blanco por su izquierda, y uno negro por su derecha. El viento loco se enroscó en las negras nubes y desde las nubes cayó una fuerte lluvia. En medio de la lluvia caían grandes piedras de granizo. En un momento un estruendo

---

[24] Como en otros mitos semejantes la diosa trae la agricultura y la ganadería a la tierra.

tremendo se extendió por las montañas y una gran inundación se extendió por la tierra sin dejar camino ni senda, ni puente que cruzar.

Lo que sucedía era que como Cunhong Baobai en un principio había sido prometida por sus padres con la casa de Meiloukeluokexing, y ella no había querido casarse con él, sino con su amado Congren Lien, su antiguo novio no se resignaba y utilizaba todos los poderes de su familia, el hielo y el granizo, para detener su avance como venganza. Siendo esto así, ¿qué remedio había? Cunhong tomó tres tortas de mantequilla, tres kilos de harina y tres sacos de hojas de ciprés, y en lo alto del monte las quemó como ofrenda al cielo, representando su agradecimiento a Meiloukeloukexing. Poco después las nubes negras fueron desapareciendo y un sol rojo calentó e iluminó sus cuerpos. Hubo camino que andar y puente que cruzar. Así ni el viento ululante ni el agua que fluía por los ríos pudo detener el avance de esta pareja.

La esposa de Lien estaba muy contenta de haber bajado al mundo de los mortales, si andaba un paso, saltaba tres. Desde ese día unieron sus destinos, querían vivir juntos, cantar juntos. Un solo corazón que nunca se separaría.

No se sabe cuántos caminos anduvieron, ni cuantas montañas cruzaron. Cuantos valles atravesaron, ni cuantos ríos cruzaron. Al fin los dos llegaron al famoso lugar de Yinggudi, donde erigieron la tabla de la victoria. Clavando el poste de la victoria el hombre llevó un estandarte blanco, y la mujer prendió un fuego furioso, hirvió té e hizo la comida, y comenzaron una vida feliz en libertad. Llevaron los rebaños de caballos, vacas y cabras a pacer a las praderas y plantaron las nueve semillas en los valles. Ellos lo trabajaron y ellos lo disfrutaron, ellos ordeñaban la leche que bebían sin conocer el dolor ni la pena.

Poco después Cunhong tuvo una buena noticia y del mismo parto tuvo tres hijos. Pero los hijos llegaron a los tres años y aún no podían hablar. Los padres estaban muy preocupados por eso y no sabían qué hacer. Entonces enviaron al murciélago Jingbai Jinglu a preguntar a Zilao Apu por qué razón los niños no hablaban. Y dijeron al perro amarillo que noche y día ladrara sin parar, para que se viera que había sucedido algo y Apu le pudiera escuchar.

El murciélago voló a la casa de Zilao Apu explicándole lo que pasaba. Tras escucharle Apu no sólo no le dijo ninguna razón, sino que enfadado empezó a insultarle quejándose sin parar. Al volver a la tierra el murciélago les contó lo sucedido: "Apu se ha enfadado con vosotros. Ha dicho "bebe agua y no olvides al que cavó el pozo, come y no olvides al que plantó los cultivos. Vosotros dos parecéis pájaros haciendo un nido. Atareados de un lado para otro no os habéis vuelto a acordar de vuestros padres."

Los esposos estuvieron pensando y pensando, y fueron a ver al gran Dongba Jiubu Tongzhi, para que les dijera los días faustos e infaustos[25], luego le invitaron a que cortara una gran rama de un castaño y otra de un álamo, sacrificara un buey amarillo, y usara un gran gallo, arroz y vino para realizar una importante ceremonia en honor al cielo. Para agradecer primero a sus padres, Apu y Azi; y en segundo lugar a la familia de Miluokeloukexing por todas sus mercedes.

A partir de entonces el honrar al cielo se convirtió en una costumbre de los Naxi. Una costumbre que empezó con Congren Lien y se ha trasmitido de una generación a otra, hasta nuestros días[26].

Una mañana, cuando los tres hijos de Lien estaban jugando en el campo de nabos a la puerta de casa, vieron de repente un caballo que corría a comerse los nabos. Los tres chicos a la vez se preocuparon y dieron sendos gritos, que se convirtieron en tres tipos de idiomas. Una sola madre tuvo tres hijos que dieron lugar a tres pueblos, justo como los tres aromas que salen de una botella de vino[27]. Vistieron tres tipos de ropas distintas. Montaron en tres tipos de caballos distintos. Yéndose a vivir a tres lugares diferentes.

---

[25] Por sus conocimientos religiosos los sacerdotes Dongbas tienen como misión señalar qué días son apropiados para cada actividad.

[26] Precisamente en estas ceremonias de venerar al cielo es cuando este mito se relata cada año, además de en algunas otras ceremonias de los Dongbas. El que quiera conocer en detalle esta ceremonia deberá leer *The Muan Bpo ceremony or the sacrifice to heaven as practiced by the Na-khi*, de J. F. Rock.

[27] Zamblera llama la atención acerca de esta comparación, precisamente con el vino, y el sistema de destilado tradicional de los Naxi, en el que se implica un sentido de mayor calidad del vino obtenido en la primera destilación y una inferior del que se obtiene en posteriores destilaciones.

El mayor dio lugar a los tibetanos, el segundo dio origen a los Naxi, y el tercero a los Bai[28]. Posteriormente se propagaron como las estrellas que llenan el cielo, como las verdes hierbas que cubren los campos, como los pelos que crecen en las crines de los caballos, como los nabos sembrados en el campo. El agua de sus pozos estuvo llena, y todas las noticias que recibieron fueron buenas noticias. Deseando que sus descendientes destacaran brillantes y florecieran para siempre.

Notas

Este es el mito más importante de los Naxi, el que explica la creación del mundo y de la humanidad, así como el origen de su primer ancestro Congren Lien y tras él de todos los Naxi. En este mito queda establecido el origen divino de los Naxi. Algunos estudiosos consideran que era especialmente importante para los reyes Mu, pues hacía remontarse su genealogía a los dioses del cielo. De las muchas ceremonias en las que se recitaba la más importante era el Sacrificio al Cielo, mediante la que los jefes de cada clan restablecían sus lazos celestiales.

La presente versión está basada en la publicada por Ma Changyi, en *Cuentos de la mitología China*, que está basada a su vez en una versión de He Zhiwu de las escrituras orales de los Dongbas. Es la versión más popular, incluida también en otras antologías chinas de mitologías de las minorías. Al realizar la adaptación al español hemos tenido en cuenta la traducción al francés de otra versión de He Zhiwu, publicada bajo el título de *La Migration*.

Lin Xiangxiao propone la división del mito en 20 capítulos. Asegura además que hay versiones tanto en escritura dongba como transmitida oralmente y conservada en el folklore, incluso en las zonas donde no hay escritura, siendo el contenido de las versiones orales y las escritas muy parecido, aunque con algunas interesantes diferencias, como que en las versiones orales el final no tenga el color religioso de las escritas, lo que demuestra que en su origen este mito era narrado oralmente, adaptándolo a sus rituales la religión Dongba.

---

[28] Minoría que vive en la Prefectura de Dali, al sur de Lijiang, que siempre ha tenido estrecha relación con los Naxi.

Zamblera recuerda que esta historia de la creación es sobre todo un texto Dongba, es decir un texto ritual destinado a ser leído a lo largo de rituales y ceremonias religiosas, en el que se incluyen una serie de fórmulas mágicas, la mayor parte desaparecidas en las traducciones populares, a través de las que la creación del mundo es revivida y repetida creándose de nuevo todas las cosas buenas, y controlándose a las cosas malas o negativas.

La guerra de Dong y Shu[29]

En los tiempos muy antiguos, cuando el cielo y la tierra aún no se habían separado, cuando el sol y la luna aún no habían surgido, cuanto la multitud de estrellas aún no había aparecido en el firmamento, cuando el agua y sus canales aún no habían tomado forma, cuando los bosques y pedregales aún no habían surgido. En esos tiempos remotos cuando la gran montaña Junaruolou[30] todavía no se había formado, no existía el gran árbol Heyibada, ni la gran piedra Zengzenghailu, ni el gran mar Milidaji. En esos tiempos la casa de Dong y la de Shu aún no habían aparecido, nobles y plebeyos aún no se habían diferenciado, reyes dragones[31] y pescados aún no habían surgido. Entre la casa de Dong y la de Shu la enemistad y la guerra aún no se había producido, la muerte y la liberación de las almas del purgatorio aún no había aparecido, disputas y calamidades no se habían presentado, lingotes de plata ni barras de oro se habían diferenciado, y la separación entre los clanes y sus enemigos no había surgido.

Arriba surgió primero un murmullo, abajo surgió el silbido de una expiración. El murmullo y la expiración experimentaron diferentes transformaciones surgiendo un huevo blanco, que a su vez sufrió nuevas transformaciones surgiendo los cinco espíritus

---

[29] También llamada *La Guerra entre el Blanco y el Negro*.

[30] De nuevo se nos presenta la geografía mítica de los Naxi. La montaña Junaruoluo es el *axis mundi*, morada de los dioses y comunicación entre cielo y tierra. El árbol sagrado Heyibada es el lugar donde descansan los tres Dioses de la Victoria: el Gran Rocho, el León y el Dragón Volante. El mar Milidaji, fue el primer mar que vio la humanidad, en él habita la Rana Dorada.

[31] Insiste en la diferenciación entre nobles y plebeyos, ya que los reyes dragones gobiernan las aguas.

poderosos[32], que a su vez se transformaron dando lugar a los cinco vientos: blanco, verde, rojo, amarillo y negro. Los vientos de estos cinco colores se transformaron a su vez convirtiéndose en cinco huevos de colores.

El huevo blanco se transformó en el cielo blanco y la tierra blanca del clan de Pan[33], en su sol y luna blancos, sus blancas estrellas, sus blancos valles y montañas, sus blancos árboles y piedras, sus blancos *pian*[34] y yaks, cabras y corderos, bueyes y caballos. El clan de Pan tuvo nueve hijos que construyeron nueve aldeas, y criaron nueve hijas que fundaron nueve poblados. El huevo blanco se volvió a transformar y surgió el cielo blanco y la tierra blanca del clan de Dan[35], todo su mundo era igualmente blanco. Sus nueve hijos construyeron nueve aldeas y sus nueve hijas fundaron nueve poblados. Una nueva transformación del huevo blanco hizo que surgiera el cielo blanco y la tierra blanca del clan de los Heng[36], con todo su mundo igualmente de color blanco, en el que sus nueve hijos construyeron nueve aldeas y sus nueve hijas fundaron nueve poblados. De una cuarta transformación del huevo blanco nació Meiling Dongzhu y el cielo blanco y la tierra blanca del clan de los Dong, con todo su blanco mundo. A la mañana siguiente la Madre Dorada que vivía en el Mar de Jade Verde se enamoró de Meiling Dongzhu formando una familia. El clan de Heng tuvo nueve hijos que construyeron nueve aldeas, y criaron nueve hijas que fundaron nueve poblados.

El huevo verde también se transformó surgiendo el cielo verde y la tierra verde de la casa del Rey Dragón, con un mundo completamente verde, en el que sus nueve hijos construyeron nueve aldeas y sus nueve hijas fundaron nueve poblados. El huevo amarillo también se transformó surgiendo el cielo amarillo y la tierra amarilla de los Espíritus de la Disputa, y su mundo todo amarillo en el que sus nueve hijos construyeron nueve aldeas y sus nueve hijas fundaron

---

[32] Se refiere a los cinco elementos: madera, fuego, metal, agua, y tierra. Cada uno asociado además a un color, y a una de las direcciones y el centro.
[33] Se refiere a la deidad tibetana Panji, N. De T. chino. Por tanto a los tibetanos.
[34] Cruce de yak y vaca.
[35] Una deidad de los Bai. Y a los Bai
[36] Una deidad Naxi. Y a los Naxi

nueve poblados. El huevo rojo asimismo se transformó surgiendo el cielo rojo y la tierra roja de los Espíritus Venenosos, con su mundo todo rojo, en el que sus nueve hijos construyeron nueve aldeas y sus nueve hijas fundaron nueve poblados. Por último el huevo negro se transformó y nació Meiling Shuzhu, surgiendo el cielo negro y la tierra negra de los Espíritus Shu. Su mundo todo negro, con el sol y la luna negras, sus negras estrellas, sus negros valles y montañas, sus negros árboles y piedras, sus negros *pian* y yaks, cabras y corderos, bueyes y caballos. El clan de los Espíritus Shu tuvo nueve hijos que construyeron nueve aldeas, y criaron nueve hijas que fundaron nueve poblados[37].

En la generación siguiente el clan de Heng se fue al lugar de las deidades Heng, los demonios al territorio de los demonios, el clan Dong a su territorio y los demonios Shu a su propio dominio. En el mundo todavía no habían surgido disputas y desastres. Arriba surgió un sonido, abajo una expiración, sonido y aire se mezclaron transformándose haciendo surgir unas nubes blancas y un viento blanco, que se transformaron haciendo surgir una gota de blanco rocío, que se transformó en el gran océano de Milidaji, a cuyas orillas creció el gran árbol Heyibada. Los espíritus querían cortar este árbol, pero el dios Heng le cuidaba; los espíritus Shu también querían cortar el árbol, pero la tribu de Dong le frotó con la medicina de la inmortalidad. Los espíritus Shu intentaron cortarlo a escondidas por la noche, pero los Dong hacían guardia día y noche. Meiling Dongzhu fue el primero que descubrió que las flores de este árbol eran de oro y plata y sus frutos de jade y perlas. Con ese árbol que habían visto primero los Dong empezaron las disputas entre los Dong y los Shu. Se luchó por la plata y el oro y de esta forma en el mundo surgieron las disputas y desgracias.

En la gran montaña Junaruolou había un mar llamado Daolaojiuchu sobre el que vivían una pareja de peces dorados. Un día cuando los peces estaban jugando con un huevo dorado, uno de ellos le mordió desde la parte de arriba y el otro peleó para quitárselo y

---

[37] Nótese que en esta la genealogía de los dos clanes cuya guerra describe este mito ya muestra al mundo blanco de los Dong como resultado de la pureza y al mundo negro de los Shu como el de la ponzoña, la disputa y la maldad.

jugar con él. Desde entonces los peces empezaron a discutir por comer y beber[38]. La guerra entre Dong y Shu empezó de esta forma.

El sol gira por la izquierda alrededor de la gran montaña Junaruolou y la luna la rodea por la derecha. Ambos astros se encuentran en la montaña en la víspera del Año Nuevo, volviendo a separarse al amanecer del primer día del año. Aquí se empieza a contar que cada mes tenga treinta días. Sobre el gran árbol Heyibada crecieron doce hojas y doce ramas, surgiendo doce flores, de donde se originaron las doce ramas terrestres[39] y los doce meses del ciclo del yin y el yang. Por determinar el tiempo: años, meses, días y horas, también se pelearon. La guerra entre Dong y Shu empezó de esta forma.

Meiling Dongzhu vivía en la aldea Jumulinzi de los Dong, una de las nueve aldeas de piedra blanca construidas en su blanco territorio. Meiling Shuzhu vivía en la aldea Nizekougong de los espíritus Shu, una de las nueve aldeas de piedra negra construidas en su negro territorio. En la frontera entre el negro y el blanco, en el límite entre el territorio de Dong y el de Shu lo blanco y lo negro no se tocaban y ni los pájaros que volaban llegaban a mezclarse. Para que siempre siguiera así ese blanco sol de los Dong envió al bravo cerdo a vigilar, pero la rata negra de los Shu hizo su madriguera a escondidas horadando la montaña, de tal forma que los brillantes rayos de los Dong atravesaran el agujero que ella hizo iluminando el negro mundo de los espíritus Shu.

Ya se había abierto una comunicación y los habitantes del negro reino de Shu descubrieron la existencia de la luz en el mundo de los Dong. Esta fue la razón por la que hubo un día en que Ansheng Miwu, el hijo del gran jefe Meiling Shuzhu, desde abajo subió arriba. Ese mismo día Dongzi Alu, el hijo del gran jefe Meiling Dongzhu, desde arriba se fue abajo, encontrándose los dos en la antigua ciudad de Meiduo. Cuando se encontraron los dos jóvenes se quitaron sus blancas túnicas y las colocaron en el suelo, y con los dados de la caracola jugaron a apostar dinero. El honesto Dongzi Alu

---

[38] Discutir por cualquier cosa.
[39] Se debe referir al antiguo sistema de calendario semejante al chino, con Diez Troncos Celestes y Doce Ramas Terrestres.

perdió la apuesta y el astuto Ansheng Miwu ganó una y otra vez. Entonces preguntó a Dongzi Alu:

"¿De donde surgieron ese cielo y tierra blancos de los Dong, ese sol y luna blancos, las blancas montañas y los blancos valles?"

Dongzi Alu le contestó: "El cielo y la blanca tierra, el sol, la luna, las montañas y valles tan blancos, todo fue creado por mi habilidad."

Ansheng continuó diciendo: "En nuestro lugar el cielo y la tierra son negros, como lo son el sol, la luna, las montañas y valles. Por favor, ven al lugar de los Shu para crear un cielo blanco y una tierra blanca, un sol y una luna, montañas y valles todo blanco. Si consigues hacer eso por nosotros podrás vivir largo tiempo en el mundo de los Shu, casarse con la más bella muchacha y recibir además una innumerable cantidad de oro, plata y otros tesoros." Dongzi Alu se mostró de acuerdo.

Cuando Dongzi Alu volvió a casa contó a sus padres lo sucedido pidiéndoles su ayuda. Su padre Meiling Dongzhu le advirtió: "Cuando un niño no obedece, puede tropezar con una piedra, si un muchacho sale demasiado, puede encontrarse con desgracias, los zorros corren por todas partes, deseando engatusarle."

La Madre Dorada Zizao también le aconsejó: "Mi hijo Alu, sobre su cabeza tiene las arrugas de los espíritus malignos, sobre sus manos también lleva su marca, así como en ambos pies. ¿Podrías no volver absolutamente nunca más al mundo de los Shu?"

Alu les respondió diciendo: "De las palabras que ha dicho un hombre no se puede arrepentir. El tigre no puede devolver la carne que ya mastica en su boca."

Meiling Dongzhu le recomendó entonces: "Mi querido hijo Alu. ¿Seguro que vas a ir al país de Shu? La tribu de Heng y la de los espíritus son totalmente diferentes, como lo son la tierra de Dong y la de Shu. Tienes que hacer el cielo de Shu inclinado y la tierra curvada, empezando por el lugar donde caigas sin preocuparte de más."

Dongzi Alu llegó al lugar de los demonios Shu y empezó a crear problemas por todas partes. Al llegar la medianoche, sin dejar que le descubrieran los perros que guardaban sus casas, se llevó innumerables tesoros de oro y plata, con los que volvió excitado. Cuando llegó a la frontera entre el negro y el blanco instaló un armazón de cobre y hierro con unos pinchos afilados y se fue a su casa.

Al llegar la segunda parte de la noche Ansheng Miwu descubrió que Alu se había escapado llevándose innumerables tesoros, por lo que reunió a sus perros y enseguida salió en su persecución. Le persiguieron enfurecidos hasta llegar a la frontera entre el negro y el blanco, donde todos ellos resultaron muertos por los agudos pinchos de cobre y de hierro que Dongzi Alu había colocado.

Esa noche Meiling Dongzhu tuvo tres bellos sueños. Al amanecer el día siguiente Dongzi Alu fue a ver cómo estaba la trampa, descubriendo que Ansheng Miwu y todos sus perros habían sido muertos por los pinchos. Comunicó a su padre la noticia, y Meiling Dongzhu entonces usó la cabeza de Ansheng Miwu para honrar a los espíritus de la victoria, y llevando la sangre de su pecho la tiznó haciendo una medicina para el dios de la victoria, y con los huesos del enemigo hizo un cuerno de la victoria.

No habían pasado muchos días cuando Meiling Dongzhu seguía sin recuperar su alegría. Así que tomó el cadáver de Ansheng Miwu y lo enterró bajo la tierra, cavado sobre ese lugar una zanja que llenó de agua, esparciendo sobre el agua una capa de salvado de trigo. Meiling Dongzhu llevó entonces a toda la gente a cavar zanjas, así como a la blanca águila del viento y al negro cuervo. Pero el cuervo no era bueno para cavar zanjas, siempre pendiente del humo y del olor a sangre, de tal forma que a la hora del crepúsculo, el cuervo se puso a dar vueltas en una zanja de barro y salió volando mostrándose escandalizado:

"Quieren que yo el cuervo cave una zanja
Que cave una zanja recta y profunda,
Y casi me muero de cansancio,
Tan cansado que no me puedo lavar el barro de las patas.
El águila blanca ha cavado una zanja,
Pero tampoco la ha cavado bien,
Pues lo suyo es revolotear en el espacio respirando el viento,
Y cuando ha ido junto al río a lavarse sus patas
Se las ha dejado bien blancas."

60

Meiling Dongzhu, sincero y de buena fe, trajo un bastón. Para golpear malamente al águila blanca, a la que hizo salir. Desde entonces el águila empezó a revolotear en medio del espacio absorbiendo el viento.

El águila inocente tras sufrir esta injusticia se sintió indignada y dijo: "¡Detesto como a enemigos a los miembros de este clan! Que su trigo se mezcle con las malas hierbas." Entonces el águila voló al territorio de los espíritus Shu, y dijo a sus tres jefes: Mima Shengdeng, Kendu Dangyou y Anri Zhuobu: "Este Ansheng Miwu de vuestra casa ha sido asesinado por la gente de Dong. Su cadáver parece el de una rata, pues ha sido enterrado bajo la tierra. Sobre la tierra se cavaron unas acequias que se han llenado de agua, y sobre el agua se extendió salvado de trigo."

Cuando las noticias llegaron a su casa, el padre Meiling Shuzhu empezó a llorar, su madre Genshao Namu, y los tres jefes también lloraban. Desde entonces Meiling Shuzhu tuvo un corazón negro y unas entrañas siempre tristes, lleno de pena e indignación dijo: "Tengo nueve hijos competentes y siete hijas inteligentes, pero ninguno de ellos tiene su ingenio y valor. Ah. Aunque un día me encuentre con mil personas, mi amado hijo no estará entre ellas; aunque una noche me encuentre con cien personas, no podré encontrarme con mi amado hijo."

Sus padres pasaron días sin ganas de comer ni beber. Luego reunieron a los tres jefes de los Shu, los altos oficiales y la gente común para discutir qué respuesta se daba a esa agresión, decidiéndose movilizar un poderoso ejército para atacar la tierra de los Dong, capturar a Dongzi Alu y matarle. "El odio de su familia se vengará en el cuerpo de su enemigo, como si miles de mariposas se posaran en un árbol junto al agua."

El corazón de Meiling Shuzhu se sintió alegre como un ciprés que floreciera por el agua, el odio salió de su corazón como una flor. Los generales y soldados de Shu se prepararon, cortaron tres bosques de abetos para hacer miles de lanzas, tres bosques de bambú de hierro para hacer miles de armaduras de bambú, mataron miles de yaks para hacer miles de magníficos arcos con sus cuernos y cuerdas con su piel. El herrero Tiluo de los Shu, nacido con cabeza de cerdo[40] fabricó las puntas de flecha y las de las lanzas, los cascos de hierro galvanizado, así como espadas y machetes para la guerra. Se mató un gran gallo negro para hacer con sus plumas las de las flechas. El jefe Shu Mima Shengdeng se puso al mando de miles de soldados, tan numerosos como las estrellas del cielo, como las hierbas de la tierra, que se movían como las abejas alrededor de su nido, que se dirigieron cubriendo la tierra a atacar a la injusta casa de Dong.

Mientras tanto Meiling Dongzhu se sentía nervioso por el día y por la noche tenía pesadillas. "Anoche soñé que las aldeas de los Dong eran presa del fuego." Dijo a su mujer. "Yo también tuve un mal sueño, durante el que nuestras aldeas eran inundadas, y el gran toro negro de los Shu se subía a lo alto de un acantilado y se frotaba los cuernos preparándose para la lucha." Las pesadillas eran un mal presagio. En el corazón de Meiling Dongzhu surgieron dudas, así que envió al rápido viento blanco a investigar cómo estaban las cosas en las tierras de Shu. El viento negro de los Shu descubrió al viento blanco y le persiguió de vuelta al territorio Dong, y el viento blanco informó a Meiling Dongzhu: "Hay miles de soldados Shu preparados, las flechas de sus maniobras parecen abejas, los que maniobran con sus lanzas parecen serpientes. ¡Rápido, levanta un ejército entre los Dong!"

Para tener una idea más clara de la situación Meiling Dongzhu envió a investigar al sabio de vista más aguda, pero como los ponzoñosos demonios de Shu no dejaban de vigilarle, pensó que sería mejor volver a las tierras de Dong. Envió entonces a las doradas abejas a investigar, sin embargo sus lenguas les fueron cortadas por los espíritus Shu. Aún envió al águila blanca de vista aguda a investigar, que fue perseguida de vuelta por el águila negra de los Shu.

Al día siguiente Meiling Dongzhu se reunió con la Madre Dorada y le dijo: "Antes de que el multitudinario ejército de Shu llegue quiero aprovechar para volver un momento al reino de los cielos. Dongzi Alu, tu tío materno está en el reino del mar, escondido en el fondo del mar. Los miles de soldados de los Dong deben

---

[40] Debe referirse a los espíritus Tiluo, que tienen cabezas de distintos animales.

esconderse por las montañas y los valles, hay que esconder todas las riquezas y tesoros en cuevas de las montañas."

La Madre Dorada Zizao le respondió "Los noventa y nueve desastres que suceden en el mundo, nunca han podido causar una calamidad a las mujeres; los setenta y siete enemigos que hay en la tierra, nunca han podido convertirse en enemigos de las mujeres. A la casa de las mujeres no se la puede matar, por lo que debes permitirme ir a defender la casa y vigilar la puerta de la aldea."

Tres días y tres noches después, los generales Anyue Zhuobu, blandiendo una espada en su mano, Kengdu Dangyou llevando una gran lanza y Mima Shengdeng con un tridente llegaron a la cabeza de los miles de soldados de Shu, otros miles de espíritus ponzoñosos y espíritus de la guerra llegaron con ellos. Grullas y águilas negras volaban cubriendo el cielo. Tigres y leopardos negros corrían cubriendo las montañas. Las tierras y montañas de los Dong estaban completamente cubiertas por los soldados de Shu.

Pero cuando los soldados de Shu llegaron a las tierras de Dong no encontraron ninguna persona, ni un caballo. Los oficiales de Shu empezaron entonces a torturar a la Madre Dorada Zizao, algunos tiraban de ella y otros la golpeaban, parecía que la iban a engullir de un bocado. Tantas bocas preguntándola: "¿Dónde se ha ido Meiling Dongzhu? ¿Dónde está Dongzi Alu? ¿Dónde está el ejército de los Dong?"

La Madre Dorada se fingía una loca y de su boca sólo se escuchaba "yiyi huhu". Si miraba fijamente hacia el mar, todos los soldados Shu corrían a la orilla del mar, pero allí no encontraban nada. Si su frente señalaba a la alta montaña todos los soldados corrían a los riscos y precipicios, pero allí tampoco encontraban nada. Los oficiales de Shu daban vueltas nerviosos, se frotaban las manos y pataleaban sin encontrar un remedio.

Entonces Maida Goumu, una de las mujeres de Shu, tuvo una gran idea que expuso ante los jefes: "A los jóvenes valientes les gustan las bellas muchachas. A los listos perros de caza les gusta perseguir a los ciervos gorditos. Veo que los oficiales no tienen forma de capturar a Dongzi Alu, por lo que propongo que absolutamente todos los soldados regresen. Yo podré encargarme de hacer que Alu venga." Tras escucharla se pensó que sería mejor actuar así, de tal forma que todos los soldados y generales de Shu regresaron a su mundo no quedando ni uno solo en tierras de los Dong.

Sólo se quedó la mujer Maida Goumu, que poniendo en práctica su plan, llegó hasta la orilla del mar vistiendo una blusa blanca como la plata y una falda de pliegues verde como el jade, sujetada con un cinturón dorado. Allí empezó a tocar una agradable melodía con su birimbao[41] de bambú dorado, que acompañó cantando:

"Una buena muchacha con un buen corazón, tiene su sentimiento pendiente del hermano[42], pero el corazón del hermano es tan duro, que no le deja instalarse en él. El perro cazador de buen corazón, pone todo su sentimiento en el ciervo, pero el corazón del ciervo es tan duro que ni se acuerda del cazador. Mi corazón ama al hermano Dongzi Alu. Todos los soldados de Shu ya han regresado, no se ha quedado ni un hombre ni un caballo."

El espíritu de Dongzi Alu se transformó. Se convirtió en una blanca águila[43] de vista aguda, y volando al territorio de los Dong revoloteó tres veces, y aunque vio que en realidad no quedaba ni un soldado ni un caballo de los Shu, siguió sin tranquilizarse y volvió a esconderse en mitad del mar.

Maida Goumu, elegantemente vestida, volvió a dirigirse a la orilla del mar, llevando con ella su excitante birimbao. Pero como estaba sucia hizo como si se lavara las manos, mostrando sus pechos a propósito. El espíritu de Dongzi Alu se transformó, se convirtió en un feroz tigre rojo que saltó a la montaña. El espíritu de la muchacha Shu también se transformó, convirtiéndose en una negra tigresa que también saltaba por la montaña. Los dos tigres jugueteaban persiguiéndose saltando por valles y montañas, sin ver ni un soldado ni un caballo de Shu. Pero Dongzi Alu aún no estaba tranquilo y cuando acabaron de jugar volvió a esconderse en el centro del mar.

---

[41] Una especie de arpa de boca usada por los jóvenes Naxi especialmente en los encuentros románticos

[42] No se refiere al hermano de sangre, sino que es una forma coloquial de llamar al enamorado en chino, idioma del que traducimos este mito.

[43] Parece describir un episodio de vuelo chamánico, recuerda al descrito visualmente en la película *La selva esmeralda* de John Boorman.

Maida Goumu volvió una vez más a la orilla del mar iniciando una trágica tonada con su birimbao. Al rato fingió sentirse cansada y fue a lavarse los pies descubriendo a propósito sus piernas. El espíritu de Dongzi Alu se volvió a transformar, esta vez en un yak macho que empezó a correr por la pradera. El espíritu de la mujer también se transformó en una yak negra, que le siguió por la pradera. Los dos yaks se frotaban los cuernos jugando en mitad de la pradera, viendo que no había ni un soldado ni un caballo de Shu.

Ellos dos, empezaron a hablar de amor cuando el sol se alzó y no se dieron cuenta de que el astro se ponía tras los montes de occidente; se durmieron antes de que el gallo volviera a su corral, sin que su canto por la mañana les despertara. Luego Maida Goumu dijo a Alu:

"Nosotros dos, como esas estrellas que siempre brillan en el cielo, como las hierbas que continuamente brotan de la tierra, en este mundo tendremos que buscar nuestros medios de subsistencia, tendremos que cuidar el ganado, no quiero vivir en este mundo de los hombres. He oído que abajo hay un lugar cuyo cielo está hecho con piedras de jade y el suelo con baldosas de oro, sobre los árboles crecen flores de plata a las que pían los pollos, y de las piedras surgen flores de oro a las que ladran los perros. ¡Vámonos a vivir juntos allí!"

A lo que Dongzi Alu le respondió: "Mi familia cuenta con nueve maestros Dongba expertos en escrituras y conjuros, y siete chamanes con extraordinarios poderes mágicos. Y ninguno ha oído hablar de semejante lugar maravilloso."

Alu anduvo siguiendo a la muchacha de Shu, el espíritu de Maida Goumu se transformó, seguramente iba a un buen lugar. Un lugar con un claro cielo azul y una brillante tierra amarilla, donde los árboles tenían flores de plata y las rocas flores de oro, donde perros dorados ladraban y gallos de plata piaban. Dongzi Alu le dijo excitado: "La verdad es que es un buen lugar, es realmente muy alegre."

Maida Goumu le respondió: "Abajo aún hay un buen lugar. ¡Los ciervos tienen cuernos de plata, las mulas tienen crines de oro!" Dongzi Alu le respondió: "En mi familia desde tiempos de mis ancestros han surgido hombres sabios con grandes conocimientos, pero nunca escuché decir que a los ciervos les crecieran cuernos de plata ni a las mulas les surgieran crines doradas." El ánimo de Alu todavía seguía con sus dudas, casi sin darse cuenta fue llevado por la chica Shu a otro lugar, entonces su espíritu se volvió a transformar, y en ese lugar los ciervos tenían cuernos de plata que brillaban luminosos y los mulos tenían crines doradas que relucían brillantes; por allí saltaban los ciervos y corrían las mulas. Alu dijo confiado: "Realmente es un buen lugar, ciertamente es un jardín muy alegre."

Maida Goumu entonces le dijo: "Abajo hay un lugar aún mejor. Donde los árboles pueden andar y las piedras pueden hablar[44]." Dongzi Alu le respondió: "Desde hace generaciones en mi familia aparecieron hombres sabios e inteligentes, pero nunca escuché hablar de un lugar donde los árboles pudieran andar y las piedras hablar." El corazón de Alu aún sentía un cierto temor, pero mientras dudaba qué debía hacer fue llevado por la muchacha de Shu a otro lugar, donde su espíritu se transformó y efectivamente los árboles podían andar y las piedras podían hablar. Alu se dijo confiado: "Realmente es un buen lugar, ciertamente es un jardín muy alegre."

De esta forma, casi sin darse cuenta, Dongzi Alu ya había sido llevado por la muchacha de Shu a la frontera entre el blanco y el negro. El blanco viento de los Dong aún no lo sabía cuando el negro viento de los Shu llegó de reconocimiento y enseguida volvió a informar a los generales de Shu: "Dongzi Alu ya ha sido llevado a la frontera entre el blanco y el negro, los Shu deben enviar tropas rápidamente. ¡Rápido, id a atrapar a Dongzi Alu!" Meiling Shuzhu y sus tres jefes deliberaron sobre la importancia de estas noticias y enseguida prepararon un gran ejército que inmediatamente pusieron en marcha, de tal forma que en un momento una multitud de soldados Shu que cubría cielo y tierra se dirigió a la frontera entre el blanco y el negro.

Maida Goumu, sabiendo lo que se avecinaba dijo consolando a Alu: "Aunque suene un gran trueno no es seguro que vaya a caer una gran lluvia, cuando aparecen grandes desgracias se pueden solucionar fácilmente."

---

[44] Según su mito de la creación al principio de los tiempos los árboles podían andar y las piedras hablar.

Pronto llegaron los soldados de Shu. Dongzi Alu fue capturado sin resistencia. Enseguida colocaron en sus manos unas esposas de hierro y en sus pies unos grilletes. Cruzaron nueve negras montañas, atravesaron nueve grandes ríos negros, y le llevaron atado al lugar negro de los espíritus Shu. A la prisión de la fortaleza de hierro Nizekougong. Dejando que cabras delgadas de cuernos afilados vigilaran la torre de la puerta principal, que perros delgados de dientes afilados vigilaran la parte media, que peces delgados de escamas afiladas vigilaran al pie de la muralla, y un viejo sirviente vigilara las puertas de la negra prisión.

Dongzi Alu lloraba tristemente en su prisión. Maida Goumu resignada le aconsejaba a su lado. Pasado un tiempo Maida Goumu parió dos hijos: el niño se llamó Haba Luobu y la niña Haba Luomu, que dijeron cordialmente a ambos padres: "El padre que me ha criado es mis huesos, la madre que me ha criado es mi carne[45], pero el hueso y la carne ¡de ninguna forma son iguales! Nosotros nos vamos al país del padre con su cielo blanco y tierra blanca, allí aún tendremos que hacer de pastores durante el día para ganarnos la vida, allí por la noche estaremos reunidos con la familia."

Cuando el viejo sirviente que guardaba la puerta escuchó estas palabras enseguida fue a informar al jefe Meiling Shuzhu, que dijo: "¡El señor no puede compartir su mesa con los esclavos, los animales domésticos no pueden compartir sus pastos con los salvajes!"

Así que Dongzi Alu fue colgado de uno de los postes de la negra prisión. Iba a morir pero aún no moría, aunque quisiera vivir no podría sobrevivir, ya no parecía una persona por los tormentos. Maida Goumu dijo entonces: "Si atas un caballo durante mucho tiempo, sus crías estarán hambrientas; si cuelgas a un enemigo durante mucho tiempo, éste acabará por morir. Si quieres matarle, pues mátale, y si quieres soltarle, pues suéltale."

---

[45] Hueso y carne forman el entramado de la vida social de la familia. Los huesos son los parientes por el lado masculino, la carne los del lado femenino. Los huesos son duros, la base, la carne conecta los huesos. Charles McKhann ha estudiado en detalle la estructura social y familiar de los Naxi basándose en el concepto de carne y huesos. Un sistema parecido existía en China.

Entonces los generales Shu se reunieron discutiendo qué hacer: "Este muchacho fue capturado a la orilla del mar de los Dong, vamos a matarle a la orilla de nuestro negro mar." De esta forma Alu fue arrastrado por los soldados hasta la orilla de su negro mar. Maida Goumu les seguía nerviosa rogándoles: "Dongzi Alu es un muchacho capaz y bondadoso, su rostro es tan claro como el sol y la luna. ¡No dejéis que la sangre y la suciedad ensucien esa bella cara blanca!"

Entonces Anri Zhuobu tomó su espada y le cortó la cabeza. El bueno de Dongzi Alu murió por ese tajo a la orilla del negro mar. Tras su muerte su cabeza fue tomada por los espíritus ponzoñosos, sus pies por los espíritus de la guerra, sus huesos se los repartieron entre los soldados de Shu. La negra mariposa también voló para sorber su sangre y las negras hormigas subieron a roer su carne. Los negros chamanes de la casa de Shu usaron su calavera para ofrecerla a sus negros dioses de la guerra y usaron sus entrañas para convertirlas en medicina de su negro dios de la guerra. Meiling Shuzhu consiguió aliviar la pena de su corazón. Completamente eufórico por su éxito, en su alegría parecía un ciprés de agua floreciendo.

Los hermanos huérfanos Haba Luobu y Haba Luomu se juraron para ellos mismos: "Somos la semilla de los huesos de nuestro padre, que era descendiente de la casa de Dong, deseamos que la gente de Dong desencadene una guerra victoriosa y un día podamos volver a la tierra natal de nuestro padre."

La familia de Meiling Dongzhu todavía no sabía dónde había ido Dongzi Alu, ni dónde se estaba pudriendo. Cada día añoraba la vuelta de su hijo, sólo para descubrir por la noche que aún no había regresado; un mes tras otro anhelaba su regreso, pero cada día amanecía sin su vuelta. Esperó a que volviera en el plazo de un año, y como al pasar ese tiempo aún no había regresado, envió a sus soldados a buscar por todas partes cualquier rastro o noticia de Dongzi Alu. Buscaron desde el este hasta el lejano oeste sin conseguir encontrarle, le buscaron del norte al sur, sin ningún éxito, y hasta en el centro de la tierra le buscaron igualmente sin ningún resultado.

Al no encontrar a Dongzi Alu el corazón de Meiling Dongzhu no se tranquilizaba. Envió entonces soldados a que fueran a buscarle a la montaña Junaruolou, pero tampoco le encontraron; que fueran a buscarle junto al gran árbol Heyibada, al gran mar

Milidaji, a la gran roca Zengzenghailu, sin encontrarle en ningún sitio. Ya desesperado Meiling Dongzhu se lamentó: "Mi amado Alu, puede que haya sido muerto por los malvados espíritus de Shu."

Los dos hermanos Haba Luobu y Haba Luomu a escondidas eludieron las negras nubes y el negro viento de Shu rogando al viento blanco y a las nubes blancas de Dong que informaran a su familia: "Dongzi Alu ya ha sido muerto por los espíritus Shu."

Cuando la triste noticia alcanzó su casa, conmovió al mundo de Dong. Meiling Dongzhu y la Madre Dorada Zizao lloraban sin parar, el Dongba Yingshe Buzuo tampoco podía dejar de llorar, el blanco cielo y la blanca tierra, las blancas montañas y valles, tampoco podían parar de llorar, los dragones de las montañas, los peces y las gambas de los ríos, todos lloraban sin parar. Entonces Meiling Dongzhu, con un semblante siempre apenado, lleno de ira e indignación exclamó:

"Yo tengo nueve hijos hábiles, pero ninguno es tan hábil como era Alu. Tengo nueve hijas inteligentes pero ninguna se puede comparar con Alu. Su rostro tenía la luz del sol y la luna, sus ojos tenían el brillo de las estrellas. Aunque en un día me encuentre con mil personas, no podré encontrarme con mi amado Alu, aunque una noche vea a cien personas, entre ellas no estará mi amado Alu. Ay, Alu, la fundación de la casa de Dong, tu boca sedienta no beberá más agua, tus tripas hambrientas no comerán más alimentos, seguro que estás enterrado en el séptimo nivel de las negras tierras de los Shu."

Meiling Dongzhu no comía aunque tuviera hambre. La Madre Dorada no bebía aunque tuviera sed, de su llanto salió un gemido que conmovió al cielo y la tierra: "Dongzi Alu de nuestra familia Dong ha muerto, el cielo se puede caer sobre la tierra, la tierra darse la vuelta sobre el cielo, el sol y la luna pueden perder su luz, pues la vida ya no tiene sabor."

Entonces Meiling Dongzhu convocó a los tres grandes dioses Salu Wode, Igu Ake y Haddu Oper[46] y a otros tres grandes dioses Zhuashen Hengding, Yingshen Hengding y Mingju Hengding para discutir todos juntos como se debía vengar esta injusticia cometida por los enemigos.

---

[46] Salu Wode, Igu Ake y Haddu Oper son los tres dioses principales de los Naxi.

"Dongzi Alu ha sido muerto por los espíritus Shu, con las manos esposadas y grilletes en los pies. Quiero movilizar a los generales y soldados del reino de los cielos, y a todos los soldados del país de Dong para matar al jefe de los Shu Meiling Shuzhu. El odio de sus familiares se vengará en sus enemigos, como millones de mariposas que se reúnen alrededor de un árbol, vamos a golpear y derribar al suelo el cielo de los Shu, vamos a dar la vuelta a la tierra de los Shu, vamos a exterminar completamente las nueve ciudades de Shu."

El gran dios Salu Wode de corazón de Buda provocó una magia y una enorme roca de hierro cayó desde el cielo, entonces apareció Guozhi Laoduan, el gran maestro herrero de los Dong, que día y noche estuvo fundiendo el hierro. Entre unas llamas tan grandes como águilas y un sonido del horno como el canto de un dragón golpeaba al hierro con el sonido de un trueno.

El herrero Guozhi Laoduan forjó armaduras con diseño de tigres[47] y leopardos y cascos de acero que brillaban como la plata, forjó puntas de flecha y de lanzas, tridentes y espadas. Cortó tres bosques de abetos para hacer miles de lanzas, cortó tres bosques de castaños amarillos para fabricar miles de mangos de espadas, cortó tres bosques de bambúes dorados para hacer miles de piezas de escudos, mató miles de *pian* y de yaks y para hacer arcos con sus tendones y huesos, y cuerdas con su cuero y rodear con sus tendones las puntas de las flechas para hacerlas muy fuertes. Los soldados y generales de los Dong se entrenaban día y noche, un ejército que llenaba el cielo y la tierra. Los generales y soldados celestes iban a terminar su instrucción, el ejército de los Dong se iba a movilizar, el odio de sus familiares se iba a vengar en sus enemigos, el ejército de los Dong se dirigía a la tierra de los Shu a matarles.

Meiling Shuzhu deliberaba con sus tres generales: "Puede que los generales y soldados de los Dong vengan a vengarse. Para impedir

---

[47] Como el tigre es también el dios de la guerra, algunos implementos bélicos toman su forma, incluyen restos de su anatomía o simplemente son denominados con su nombre para investirles de valor y poder. Más sobre su simbolismo en *El Tigre en China: imagen y símbolo*.

definitivamente su avance debemos construir rápidamente noventa y nueve líneas defensivas."

La primera línea defensiva estaba sobre la montaña, defendida por un gran dragón negro. La segunda estaba defendida por un tigre negro como el carbón. La tercera por una gran serpiente venenosa negra. La cuarta por una abominable rana negra. La quinta por un negro perro con cabeza de hierro. La sexta por afilados pinchos de piedra negra. La séptima por afilados pinchos de bambú negro. La octava por cuernos de negros bueyes salvajes clavados como estacas. La novena estaba defendida por el ponzoñoso viento negro.

Malvados espíritus con cabeza de ciervo usaron esqueletos de ciervo para construir nueve aldeas, luego practicaron la arquería entre el silbido de sus flechas y se prepararon para defender las puertas de esas nueve aldeas. Malvados espíritus de la tierra con cabeza de buey usaron esqueletos de buey para construir nueve aldeas, luego practicaron la arquería entre el silbido de sus flechas y se prepararon para defender las puertas de esas nueve aldeas. Lo mismo hicieron malvados espíritus con cabeza de caballo, que usaron esqueletos de caballo para construir nueve aldeas, preparándose para defenderlas[48]. Y los espíritus del agua con cabeza de cordero usaron esqueletos de cordero para construir nueve aldeas. Los espíritus de la guerra con cabeza de cabra, usaron esqueletos de cabra para construir nueve aldeas. Ponzoñosos espíritus con cabeza de yak, usaron esqueletos de yak para construir nueve aldeas. Espíritus estériles con cabeza de *pian*, usaron esqueletos de *pian* para construir nueve aldeas. Espíritus ladrones con cabeza de perro, usaron esqueletos de perro para construir nueve aldeas. Espíritus *diluo* con cabeza de pollo, usaron esqueletos de pollo para construir nueve aldeas. Espíritus reyes dragones con cabeza de pez, usaron esqueletos de pez para construir nueve aldeas. Obscenos espíritus con cabeza de rana usaron esqueletos de rana para construir nueve aldeas. Espíritus de la conflagración con cabeza de serpiente usaron esqueletos de serpiente

---

[48] En realidad, siguiendo las normas de los textos rituales así como la memorización de las mitologías transmitidas por tradición oral, aquí se repite el mismo párrafo que en las dos primeras oraciones, que hemos intentado simplificar para hacer su lectura más fluida.

para construir nueve aldeas. Todos ellos practicaron la arquería preparándose para defender sus aldeas.

Pero aún no había ido nadie a defender la fortaleza negra Nizegougong de Meiling Shuzhu. Las delgadas cabras fueron a defender la puerta principal de la ciudad, los perros grises de afiladas garras fueron a defender la parte media de la muralla, el pez negro de delgadas agallas fue a defender la parte posterior de la muralla. Negras nubes y negros vientos se enroscaron sobre la fortaleza. Pinchos de cobre y de hierro se clavaron alrededor de la misma. Se excavó un canal profundo protegiendo la muralla, que se llenó de agua. Se envió al yak negro a que defendiera la parte izquierda de la puerta y al feroz tigre negro a que defendiera la parte derecha[49], millones de soldados Shu capaces de saltar y de volar también fueron convocados para defender esa fortaleza.

Al este de las tierras de Shu, nueve espíritus de madera construyeron nueve aldeas, defendidas por su jefe Dairao Jinbu, mientras que el tigre negro ceniza defendía su puerta. Al sur de su territorio, nueve espíritus de fuego construyeron nueve aldeas, defendidas por su jefe Shizhi Jinbu, mientras que el dragón negro ceniza defendía su puerta. Al oeste nueve espíritus de hierro construyeron nueve aldeas, defendidas por su jefe Leqi Sipu, mientras que el oso de pies negros defendía su puerta. Al norte nueve espíritus de agua construyeron nueve aldeas, defendidas por su jefe Nuzi Jinbu, mientras que el mulo negro de largas crines defendía su puerta.

Meiling Dongzhu vivía en las tierras blancas y Meiling Shuzhu en las negras. Entre el blanco y el negro, en el límite entre las tierras blancas y las negras, se había erigido una piedra blanca, que marcaba el territorio de los Dong y otra negra que marcaba el de los Shu. Entre Dong y Shu surgió una gran enemistad, entre ellos no había ningún contacto, ni siquiera los pájaros que volaban tenían contacto. Los espíritus Shu decían que iban a ocupar el lugar donde estaba la piedra blanca de Dong, y que iban a robar sus cuartos llenos de oro.

---

[49] Si en la China antigua muchos edificios se consideraban protegidos tras la estatua de un dragón y un tigre simbolizando el yin y el yang, entre los Naxi son sustituidos por un yak y un tigre, con el mismo significado, como se ve en numerosas pinturas y manuscritos. Mirando al sur, al yak le corresponde el este (yang) y al tigre el oeste (yin).

Los Dong decían que iban a ocupar el lugar de la piedra negra de los Shu, y que iban a habitar en las negras casas de duro hierro de Shu. La enemistad entre Dong y Shu era cada vez más profunda, el fuerte arco se estaba tensando y la flecha afilada estaba en la cuerda. En las casas donde hay injusticias siempre hay disputas, los enemigos siempre acaban matándose entre ellos, por lo que era seguro que una gran guerra se avecinaba.

Meiling Dongzhu envió un sirviente de pies rápidos a invitar al chamán Dongba Yingshi Buzuo. Una alfombra blanca hizo de salón, la reja del arado como centro del mismo, ofreciéndose al Buda oro, plata y otros tesoros. Un buey amarillo hizo de víctima subrogada. Se cortaron nueve tipos de árboles de la montaña para que hicieran muñecos que podían saltar, se trajeron cinco tipos de harinas de la cocina para hacer figuritas que podían reír[50]. Las figuras de madera sustituyeron al padre y las de harina a la madre. Nueve tipos de pelos y cuernos representaban a nueve tipos de animales domésticos. Por el día se leían maldiciones en las escrituras de los espíritus sustitutorios, por la noche se expulsaba a los espíritus de la injusticia enemigos, llevándolos todos hasta el lugar oscuro de Meiling Shuzhu. El Dongba construyó una puerta de pino blanco, con pino verde hizo sus vigas transversales, rodeándolas con las tripas de un pollo, con agujas de pino representando el alma de los enemigos y hojas anchas de azalea representando su lengua. Asando una cabra de sabor fuerte y un cerdo macho de sabor curado, encerraron el alma del jefe enemigo Meiling Shuzhu bajo una cueva profunda en la frontera entre el blanco y en negro.

Meiling Dongzhu envió al mono blanco y al zorro blanco al territorio de los espíritus Shu a investigar, y al murciélago blanco y al fénix blanco a vigilar sus tierras, al buey blanco y al caballo blanco a la tierra de los espíritus de la guerra a hacer averiguaciones, y a la abeja y la mariposa blancas que volaran al lugar de los espíritus del agua a espiar. Cuando volvieron le informaron: "Los espíritus Shu han movilizado un ejército de miles de soldados, han levantado

---

[50] Las figuritas de madera y de miga de pan son imprescindibles en la mayoría de los rituales de los Dongba. Representan diferentes deidades menores cuya participación en los rituales es, no obstante, necesaria.

noventa y nueve aldeas de leopardos y noventa nueve líneas defensivas guardadas por tigres."

Meiling Dongzhu no conseguía tranquilizarse, así que se fue a deliberar con el Dongba: "Si no invitamos a los generales celestiales Derko y Yuma para que nos vengan a ayudar, no podremos romper las noventa y nueve líneas defensivas de los Shu, ni arrasar las noventa y nueve negras fortalezas del enemigo, ni destruir su sólida fortaleza negra." Como no conocían la historia de los soldados celestiales Yuma decidieron no llamarles todavía[51].

Los dioses celestiales Salu Wode y Wuzhe Hemu estuvieron empollando y surgió un huevo blanco tan grande como una tienda de campaña. Ese extraño huevo blanco fue abrazado por los dos dioses durante tres días sin que hubiera una eclosión. El dragón verde del cielo le abrazó tres días sin ningún resultado, el sol y la luna le abrazaron tres días. La gran caracola blanca de lo alto de la montaña y el león blanco también le abrazaron tres días. El tigre que vive en el viejo bosque de abetos le abrazó tres días, sin ningún resultado. La cobra volante que vive sobre la montaña Junaruolou también le abrazó tres días, y el rocho que vive sobre el árbol sagrado Heyibada, y el lobo sagrado que vive junto a la roca Zengzenghailu también le abrazó tres días, pero el huevo seguía sin nacer. La tortuga que vive en el gran mar Milidaji, también le abrazó tres días sin ningún resultado. Como la tortuga tenía un carácter nervioso rasgó el huevo con la mano rompiendo su cáscara, saliendo entonces un líquido del que nacieron miles de generales Yuma. El brillante señor de esos Yuma era el dios llamado Baowei Yuma.

Los dioses celestiales Salu Wode y Wuzhe Hemu, que les habían empollado durante tres días se convirtieron en el padre y la madre de los generales Yuma. De los que el sol y la luna empollaron surgieron los generales celestiales Yuma de aspecto resplandeciente, de los que fueron empollados por el verde dragón celestial surgieron los generales celestiales Yuma con cabeza de dragón[52], de los que

---

[51] Una constante en los rituales de los Dongba es que antes de convocar el poder de cualquier deidad o elemento natural, hay que narrar su historia, una historia que justificará su poder para actuar de la forma que es requerido.

[52] La narrativa en el clásico estilo ritual, repite que cada uno de estos animales les había empollado tres días, que aquí omitimos por aligerar la narración. En la

fueron empollados por el león tan blanco como una caracola surgieron los generales celestiales Yuma con cabeza de león, de los que fueron empollados por el tigre feroz que vive en el bosque de abetos surgieron los generales Yuma con cabeza de tigre, de los que fueron empollados por la cobra que vuela en el monte Junaruolou surgieron los generales Yuma con cola de cobra, de los que fueron empollados por el pájaro rocho que vuela sobre el árbol sagrado surgieron los generales Yuma con alas de rocho. De los que fueron empollados por el lobo surgieron los generales Yuma con cabeza de lobo, y de los que fueron empollados por la tortuga del gran mar salieron los generales Yuma con cabeza de tortuga. Una vez que todos los generales celestiales Yuma hubieron aparecido, los chamanes les asignaron sus nombres correspondientes. Entonces los generales Yuma construyeron en el cielo una fortaleza roja como el fuego donde vivieron.

En cuanto aparecieron los Yuma, no tardaron en surgir los generales celestiales Derko. Si no se conoce el origen de los Derko no se puede hablar de sus asuntos. Cuando se iba a separar al blanco y el negro, si no había sol y luna no se podía dividir claramente. Cuando se iba a dividir el día y la noche, si no era por la estrella del alba y la del ocaso, no se puede dividir claramente. Cuando se quería dividir el norte y el sur, si no fuera por el oro amarillo y las nubes rosadas no se podía dividir claramente. Cuando se quería dividir entre las mesetas elevadas y los valles de los ríos, si no era por la nieve y la lluvia no se podía dividir claramente. Cuando se quería dividir entre lo lejano y lo cercano, si no era por las abejas de los riscos no se podía dividir claramente. Cuando se quería dividir entre invierno y verano si no era por el sonido del dragón verde como el jade no se podía dividir claramente. Cuando se quería dividir entre parientes y enemigos, si no era por el general celestial Derko no se puede dividir claramente.

La gran montaña de la Caracola Blanca es el hogar ancestral de los padres de los Derko, el negro mar de las perlas es el de sus ancestros maternos. La gran Montaña Dorada es el hogar ancestral de los padres de los Derko, el verde mar de jade es el de sus ancestros

---

mitología Naxi hay centenares de generales Yuma, cada uno de ellos caracterizado por tener la cabeza de un animal diferente.

maternos. Daji Hengying era el padre de los Derko y Darao Qunima era su madre. Youlao Dingban era el padre de los Derko y Mizhe Luomu era su madre. Esas ocho personas[53] les estuvieron cuidando haciendo surgir nueve Derkos masculinos y otros nueve femeninos. De ellos el mayor se llamaba Puding Daju. Pasados nueve meses y trece días, llegado ese día el dragón verde como el jade entró en el gran mar Milidaji, haciendo que saliera madera, fuego, hierro, agua y tierra, los grandiosos cinco elementos, de cuya transformación surgieron dos personas: Suba Jinbu y Suba Jinmu[54]. Ellos dos acabaron emparejándose por azar y se estuvieron cuidando de tal forma que surgieron 360 generales celestiales Derko, los rayos del sol les hizo transformarse surgiendo Nidu Derko, la luz de la luna los hizo transformarse surgiendo Suobanidu Derko, las nubes y el viento les hicieron transformarse surgiendo Zengni Derko, el agua y el fuego les hicieron transformare surgiendo Sheku Derko.

No había ninguna cosa que los generales celestiales Derko no pudieran ver. ¿Cuántos hijos tienen el sol y la luna? Lo que los hombres no pueden ver los Derko ven. ¿Cuántos hijos e hijas tienen las hormigas e insectos que reptan por el suelo? Lo que la gente no puede saber los Derko conocen. ¿Cuántas crines hay sobre las negras alas del dorado burro celestial? Lo que la gente no puede ver los Derko lo saben. ¿En qué dirección se colocan las crines de la cola del gran corcel Chenda Woxu cuando cruza un río? Lo que la gente no puede ver los Derko lo saben. ¿Cuántas rayas y arrugas tiene el gran tigre rojo del este Badi? Los Derko lo saben. ¿Qué longitud tiene el cuerno del gran dragón verde como el jade del sur? Los Derko lo saben. Si los pelos de la cabeza del león blanco de la caracola que vive en el oeste son exuberantes o no, sólo los Derko lo saben. ¿Cuántas ramas tienen los cuernos del gran ciervo de la caracola blanca del norte? Sólo los Derko lo saben. No hay cosa que los generales celestiales Derko no puedan ver. No hay asunto que su perspicacia, la más aguda, no pueda superar.

---

[53] Vemos que menciona cuatro fenómenos naturales y cuatro personas, los cuatro abuelos del padre y la madre de los Derkos.

[54] Al nacer todas las personas se forman de los cinco elementos. Al morir todas se desintegran en los cinco elementos.

Meiling Dongzhu usó carne de yak y de cordero, preparó buen vino y buena comida, usando carne de cerdos cebados y de cerdos magros, devotamente se la ofreció a los generales celestiales Derko y Yuma. Usando ramas de ciprés y mantequilla se lavó la cara y quemó incienso, que devotamente ofreció a los generales Derko y Yuma.

Los ojos de los generales Yuma se giraron tres veces,
Brillando como el resplandor de las estrellas y cometas
Los dientes de la boca de los Yuma golpearon tres veces
Como el estruendo de un trueno en el firmamento.
La lengua de los Yuma se extendió tres veces,
Extendiéndose como el arco iris en el cielo
El pelo de los Yuma se cayó tres veces
Como el sonido del viento que corta un bosque de abetos en la montaña
La cola de los Yuma se meneó tres veces
Como un viento feroz que soplara sobre el pico de la montaña.
Todo el cuerpo de los Yuma tembló tres veces
Todos los espíritus y demonios,
Temblaron de miedo, se agitaban sorprendidos.

Los generales celestiales Derko y Yuma querían descender al mundo enseguida, para empezar inmediatamente la expedición contra las aldeas de los enemigos Shu en las tierras negras, quemarlo todo con un fuego intenso, quemarlo hasta dejarlo limpio y que no quede nada.

Meiling Dongzhu y el dios de cielo Salu Wode decidieron que había llegado el momento de poner en marcha al ejército de los soldados Dong y los generales celestiales para vengar al enemigo. Entonces miles de soldados Dong se movilizaron, así como 360 generales celestiales Derko y Yuma; miles de aves rochos, fenices, águilas blancas y grullas blancas espiaban desde el cielo, blancos leopardos, blancos tigres, blancos *pian* y blancos yaks, les animaban desde el lado derecho, miles de soldados celestiales capaces de volar y de saltar delante iban abriendo el camino. El vengativo ejército de los Dong daba la vuelta al cielo y la tierra en su marcha a las tierras de los espíritus de Shu para acabar con las injusticias. El vasto ejército de los Dong avanzaba hacia adelante, con sus corazas de guerra y sus cascos, empuñando sus espadas y cuchillos, con sus lanzas al hombro y sus arcos a la espalda, sus escudos en la mano, las puntas de sus lanzas brillaban. Las banderas de la victoria ondeaban al viento, el ejército vengador se dirigía a las tierras Shu a matarles.

El ejército Dong llegó a la primera montaña de los Shu, que defendida por el enorme dragón negro como el carbón, bloqueaba su avance. Entonces el espíritu de los generales celestiales Derko y Yuma se transformó, surgiendo un león de caracola blanca, que mató al negro dragón y destruyó la primera línea defensiva de los Shu. El ejército de los Dong continuó avanzando y llegó a la segunda montaña de los Shu, que estaba defendida por un tigre negro como el carbón. Los espíritus de los generales celestiales se transformaron de nuevo, surgiendo un armadillo[55] verde, que castigó al tigre negro, rompiendo la segunda línea defensiva de los Shu. Para destruir la tercera línea, guardada por una serpiente ponzoñosa, los generales celestiales se transformaron en un pavo real dorado que venció a la serpiente; la cuarta, guardada por una gran rana pestilente, fue superada transformando sus espíritus en un tigre dorado; la quinta, protegida por el perro negro con cabeza de hierro, se superó transformando sus espíritus en blancos leopardos celestiales; la sexta, protegida por una gran piedra negra afilada, la superaron los generales celestiales transformándose en un hábil artesano que con una gran maza blanca de hierro rompió la negra piedra; la séptima, defendida por un bambú negro afilado, fue destruida cuando sus espíritus se transformaron en un arquero celestial que con sus flechas celestiales rompió las puntas del negro bambú; para destruir la octava, defendida por los cuernos afilados de un negro buey salvaje, los generales celestiales se transformaron una gran sierra con la que cortaron los cuernos del buey. Los generales celestiales y los soldados de Dong continuaron avanzando hasta llegar a la novena línea defensiva de los

---

[55] El cuento del tigre y el armadillo, popular en estas tierras, que narra cómo tras entablar un duelo, el armadillo derrota al tigre dejándose rodar montaña abajo y colándose por la boca del tigre hasta su estómago, donde se estira y destroza al tigre desde dentro, puede explicar esta aparentemente extraña victoria.

general Yuma montado en un lobo celestial de cuerpo negro y cabeza blanca, mató al macho cabrío delgado que defendía la puerta principal, otro montado en un leopardo mató al perro negro gris que defendía la parte central de la muralla, y otro montado en una nutria gris mató al negro pez delgado que defendía la parte posterior de la muralla.

El general Dong Gukao
Armó una catapulta de pino blanco
Con la piel del tigre hizo un cinturón de balas de piedra
Colocando en la cesta grandes misiles de piedra;
Las piedras que tiraban desde la izquierda daban en la derecha
Y las de la derecha en la izquierda.
Cada una de las balas golpeaba la fortaleza
Haciendo trizas la fortaleza de los espíritus Shu.

El mono celestial de los Dong se lanzó entonces llevando en su mano una gran maza de hierro con la que rompió las estacas de hierro y de bronce que se habían clavado alrededor de la fortaleza. Las banderas de la victoria de los Dong ondeaban al viento, dispersando a las negras nubes y el negro viento que se movía sobre la negra fortaleza. Entonces se lanzaron adelante los soldados Dong y con sus azadas en las manos derribaron el foso de malas aguas que protegía la muralla, secando el agua y alisando la tierra como una llanura.

Todas las líneas defensivas de los espíritus Shu habían sido destruidas, así como todas sus aldeas. Su última fortaleza también sería destruida, matando a miles de soldados Shu, suprimiendo a los tres jefes de sus ejércitos, así como a la pareja de gobernantes la madre Genshao Namu y el injusto líder jefe de la casa de los Shu Meiling Shuzhu. Con su piel se hizo un almohadón para los generales celestiales Derko y Yuma, su corazón se ofreció a los espíritus que les habían ayudado a vencer la guerra, sus entrañas sirvieron como ofrenda a los dioses de la victoria, su calavera se ofreció para quemar incienso a los dioses de la victoria, y sus huesos se usaron para hacer cuernos (de música) a los dioses de la victoria.

81

Los miles de soldados Dong regresaban triunfantes, los trescientos sesenta generales celestiales Derko y Yuma regresaban en triunfo. El ejército victorioso de soldados Dong y generales celestiales, no se quedó en las nueve aldeas negras de los espíritus Shu, ni en sus nueve bosques negros, ni en sus nueve negros ríos, ni en sus nueve montañas negras, ni en sus trece llanuras negras, sino que volvieron en triunfo directamente. El ejército victorioso de los Dong no se quedó en el lugar de los espíritus ponzoñosos ni en el de los de la guerra, ni en el de los espíritus del agua, ni de los monstruos acuáticos, ni en las tierras de los espíritus de los que mueren ahorcados, ni en las de los que mueren jóvenes, ni en las de los espíritus de la tierra, ni en las de los espíritus *diluo*, ni en las de los espíritus ladrones, ni en las de los espíritus de las lenguas, ni en las de los espíritus de la esterilidad ni los de la mala muerte, sino que volvieron en triunfo directamente[57].

Los exploradores que tanto mérito habían ganado, las doradas abejas no se detuvieron en el lugar de los espíritus que gustan comer carne de abeja, sino que ignorando su cansancio volvieron en triunfo, y con las perlas de rocío de los corazones de las flores hicieron miel medicinal. Los blancos caballos que tanto mérito habían adquirido en la guerra no se quedaron en el lugar de los espíritus donde los ciervos rojos les llamaban, sino que ignorando el cansancio volvieron en triunfo victoriosos, y usando hierba fresca y perlas de rocío hicieron medicina para los caballos de guerra. Los blancos *pian* y yaks que tan bien habían combatido, no se pararon en las tierras de los espíritus que gustan de comer carne de lobos negros con caras blancas, sino que ignorando su cansancio volvieron en triunfo victoriosos, y con agua clara y corriente hicieron medicina para bueyes y *pian*.

Los monos negros de brazos rojos de la tierra de los espíritus podían llorar y lamentarse, los monos dorados celestiales no se quedaron allí sino que volvieron en triunfo; los perros de caza de la tierra de los espíritus con sus carcaj colgando, los lobos grises

---

[57] No hay que olvidar que este es un texto ritual, y la exhaustiva enumeración de los lugares donde no se queda el ejército victorioso muestra el proceso mediante el que, los espíritus que acudieron en auxilio del Dongba durante la ceremonia, vuelve cada uno a su propio lugar tras conseguir la victoria sobre los espíritus que causaban el mal.

celestiales no se quedaron en sus tierras sino que volvieron en triunfo; el pájaro carpintero de las tierras podía hacer fuego, el cuco verde no se quedó en las tierras sino que volvió en victoria. El pollo negro que podía echar a volar de la tierra de los espíritus, el pavo real resplandeciente no se quedó allí sino que regresó en triunfo. El ejército victorioso regresó directamente.

Las perlas de rocío sobre el gran árbol Baoda se utilizaron para hacer la medicina de la victoria de los rochos celestiales, las perlas de rocío junto al río de Agua Salada se utilizó para hacer la medicina de la victoria de los yak sagrados, las perlas de rocío del bosque de abetos rojos se utilizó para hacer la medicina de la victoria de los tigres sagrados.

La grulla blanca victoriosa sometió a la negra garza de largo cuello, el cuco victorioso sometió a la paloma silbante del bosque, el rocho sagrado al pollo negro como el carbón vegetal, el dragón verde al perro negro con cabeza de hierro, al león al mulo salvaje de largas crines, el tigre dorado al zorro de ancha boca. El ejército de los Dong regresó victorioso ondeando sus banderas de la victoria, banderas doradas, banderas plateadas y verdes banderas de la victoria.

Al acabar la guerra Meiling Dongzhu invitó al Dongba Yingzhe Buzuo, a ofrecer devotamente su victoria al dios de la guerra, usando la sangre y entrañas de sus enemigos para hacer una medicina para el dios de la victoria. La casa de Meiling Dongzhu, si querían volar, volaban, si querían saltar, saltaban, si querían transformarse entonces podían hacerlo de tres formas. El cuerno de la victoria sonaba, y las hogueras de la victoria flameaban, el río de la victoria fluía. Los Dong victoriosos mataron a los Shu, el budismo celestial victorioso sometió a los demonios.

En ese tiempo de Meiling Dongzhu, el cielo se separaba por el este y la tierra también, se construían las aldeas desde el este y se criaba a los hijos desde el este, se plantaban los campos desde el este y se montaba a los caballos desde el este. Todo se empezaba desde el este.

Al gran cielo no le cubren las nubes
El espacio es ancho y extenso
Un manto de estrellas cubre al cielo

83

El sol sale despidiendo sus rayos dorados
La luna sale con su luz nocturna
La tierra es grande y no la cubren las rocas
Sus llanuras son anchas y extensas
Las verdes hierbas cubren la tierra
El agua brota de los estanques
Vacas y ovejas corretean cubriendo la tierra
Los cultivos crecen exuberantes
Y las personas alcanzan la longevidad.

Notas

Bai Gengshen[58] presenta cinco versiones del mito, con grandes diferencias entre ellas, incluso en la trama, que él divide en dos grupos. En el primero la enemistad entre Dong y Shu resulta cuando los segundos intentan robar el sol y la luna que dan la luz a los Dong, en el segundo no existe una relación con el sol y la luna, sino con la muerte del heredero de Dong, Alu. Todas tienen en común la división del mundo entre blanco y negro, su enemistad, y la guerra como resultado de la misma, así como la victoria del blanco sobre el negro. Pero también hay importantes diferencias, entre las que destacan los motivos de la guerra, que pueden estar relacionados o no con el robo del sol y la luna, el carácter del blanco y del negro, las técnicas usadas, y el resultado de la guerra, pues en el primer caso acaba con la liberación de los astros, y la paz y en el segundo la unión de Dong y Shu nace antes de la guerra, en los hijos de Alu con una muchacha Shu.

"Na" significa en Naxi no sólo negro sino también grande, noble, etc. Su ropa antiguamente era negra, y en algunos pueblos vecinos, como los Yi (Nosu), Nuzu y los antiguos Qiang, el negro era también el color más importante. El autor considera que la importancia del blanco entre los Naxi está ligada a la influencia de los tibetanos y de su religión Bon, influenciada a su vez por un budismo que da más importancia al blanco. De esa forma el blanco pasa a ser el principal color de los Naxi. Para él el mito simbolizaría la

---

[58] What is symbolized in *The battle between black and white*.

transformación del modo de vida de los Naxi de un primitivo pastoreo nómada, a una vida agrícola sedentaria, representados respectivamente por el negro de los yaks, sagrado en la primera época, y el blanco posterior. El mito muestra el rechazo a esa vida ya pasada. También podría mostrar una influencia de la cultura china y en especial de su teoría de los Cinco Elementos, y señalar el fin de sus migraciones desde el norte (negro) a la parte occidental del mundo chino (blanco).

Zhao Lu[59] considera que la oposición entre el blanco y el negro puede ser una influencia maniquea, ya que los seguidores de esa religión, activos durante la dinastía Tang, influyeron en el taoísmo. En el origen del mundo de este mito se ve una influencia taoísta con la creación surgiendo de la interacción entre el yin y el yang, y desarrollándose luego a partir de los cinco elementos. La defensa de Shu encomendada a diferentes animales, representación de esas deidades animales, y la victoria sobrenatural de los Dong gracias a la intervención de poderosas deidades es para el autor una muestra de la victoria de las influencias budistas (de la escuela blanca presente en esa zona) sobre los Dongba y su abandono de la religión antigua centrada en los cultos a la naturaleza, representados por lo negro.

Mikio Miyamoto[60] recuerda que el investigador japonés Tetsuro Suwa consideraba a los negros como nómadas y a los blancos campesinos, y que el académico Naxi Hoo Shi-hua iba más atrás aun considerando que era un relato de la batalla entre el blanco (Dinastía Shang) y el negro (Dinastía Xia). Él mismo considera que el mito está relacionado con la cosmogonía de la religión Bon, y que habría recibido influencias de las religiones persas, especialmente el Zoroastrismo y el Maniqueísmo, ya que en ambas religiones el mundo se inicia a partir de huevos cósmicos: uno blanco y otro negro. Llama la atención asimismo al hecho de que los Dongbas usen este texto cuando tratan a sus pacientes o para evitar desgracias. Lo relaciona entonces con los tratamientos modernos, y el remedio de la meditación, mediante el proceso de visualizar el sistema

---

[59] On the religious thought as seen in the Battle of Black and White.
[60] Guiding the Soul to the Land of the Dead.

inmunológico e imaginar a los leucocitos buscando a lo largo del cuerpo para atacar a las células malignas. La imaginación por parte del paciente de que el blanco derrota al negro puede contribuir a su curación.

Los Qiang, relacionados con los ancestros de los Naxi, tienen una historia de la batalla entre el Dios Blanco y el Dios Negro que recitan sus chamanes Sipi en algunas ceremonias. En su historia el dios blanco es bueno y el blanco malo. El blanco dice: "La gente me necesita. Conmigo todos son ricos y están contentos." El negro dice: "He llegado a un acuerdo con un demonio y estoy en compañía de diablos. Llevo los desastres a la gente: los casados discuten, las familias se pelean, el ganado sufre epidemias, etc." Luego el dios blanco derrota al negro y los desastres y enfermedades son superados.

En mi humilde opinión otros conceptos relacionados con la compleja cultura e historia de los Naxi se ven reflejados en este mito.

La relación entre los Naxi y los espíritus Shu de la naturaleza. Los Naxi conquistaron una tierra que ya estaba poblada por unos espíritus, a los que debían también conquistar o acomodar. Como señala Matheiu, durante la época de los matrimonios con las princesas locales, el dominio de esos espíritus les es conferido a los jefes por el propio matrimonio (la frase de La Madre Dorada Zizao ante el ataque de los Shu "A las mujeres no se nos toca" apunta en esa dirección.) Cuando ya no hay más matrimonios con princesas locales, sino pura conquista militar, se deben diseñar otras fórmulas para calmar a los espíritus locales, como derrotarlos, como en este mito, con ayuda de los generales celestiales. El conflicto entre las personas y los espíritus Shu no acaba nunca, pues los rituales que se les ofrecen cuando surgen problemas sólo buscan restablecer el equilibrio.

Conflictos entre los Naxi y los habitantes originales. El mito se puede referir a las continuas guerras de conquista que marcan la historia de los Naxi. A su llegada esas tierras ya estaban habitadas por otros pueblos, posiblemente los antepasados de los Pumi y Lisu de la actualidad, y aún puede que por restos de otros pueblos originales. La expansión de los Naxi hacia el mundo tibetano está plagada de campañas militares, descritas detalladamente en toda su crueldad en los informes a los emperadores chinos, de las que este mito no es

86

sino una heroica poetización. La Guerra entre el Blanco y el Negro justifica el derecho de los Naxi a gobernar sobre las tierras conquistadas a los habitantes originales de la zona, como portadores de principios morales más elevados.

Relaciones hombre y mujer. La victoria inicial de los espíritus Shu con la captura de Dongzi Alu no se realiza gracias a su poderoso ejército, sino a la combinación de los encantos femeninos y los poderes mágicos de una mujer. En un sesgo de la narración aparentemente incomprensible, la misma mujer que le seduce al mundo de los Shu, donde es capturado por sus enemigos, comparte con él la vida de la cárcel, y le proporciona dos hijos. Dongzi Alu luego es sacrificado. ¿Tal vez el recuerdo de los antiguos mitos en los que el rey era sacrificado resonando en estas remotas tierras? Otro de los momentos culminantes es cuando sus hijos, que parecen tener la opción de elegir entre el mundo de su padre y el de su madre, optan por el hueso, el de su padre, lo que desencadena la ejecución de éste. ¿Qué sentido tiene entonces esa cohabitación en la cárcel entre su padre y su madre, lo suficientemente extensa como para permitir el nacimiento de los hijos, y suponemos al menos, su capacidad de hablar, aun cuando les atribuyamos una capacidad de crecimiento mágica? Que hay un largo lapso de tiempo entre la captura de Dongzi Alu por el mundo Shu y su muerte viene reflejado también en la descripción de la larga espera de sus noticias por parte de sus padres. Si la primera elección de los hijos de pertenecer al bando de su padre desencadena su muerte, la segunda, en la que prometen vengarle, desencadena la gran guerra que destruye el mundo de su madre, el mundo Shu. Aunque curiosamente no se vuelve a hablar de ellos. Para los Naxi las montañas blancas representan lo masculino, las negras, lo femenino. Eso muestra que ese conflicto entre el blanco y el negro puede interpretarse perfectamente en el contexto de la transferencia de poder del elemento femenino al masculino.

Conflicto en el interior de cada persona contra su lado obscuro. Durante la lectura del mito se hace implícita una asimilación de su contenido a la pugna en el interior de cada persona entre la misma dualidad del blanco y el negro. Durante los estados iniciales del mismo, uno siente que se realiza una pugna entre la naturaleza dual de las personas, una trama que conduce a la tragedia. La identificación de la persona con el mundo de la luz obliga a la supresión, en su interior, de la naturaleza salvaje. No puede parecer casual que durante el recorrido espiritual en el que Dongzi Alu sigue a la mujer de Shu para acabar prisionero de ese mundo, pase por el mundo en el que "los árboles andan y las piedras hablan" que no es sino la descripción de la situación original del mundo indiferenciado. Dongzi Alu viaja de su mano al principio del tiempo. Ella es una maga y el viaje que le propone, espoleado por la seducción, es común a las tradiciones de los pueblos de Yunnan, de China e incluso de los pueblos del norte de Asia. Una seducción que aparece de forma evidente en los matrimonios rituales con las diosas. Entre los chinos se ejemplifica en la seducción ritual de los taoístas por la Reina Madre del Oeste. Entre los pueblos siberianos por el emparejamiento ritual de sus chamanes con las diosas de la naturaleza.

El Romance de Kama Yumiji

En las verdes montañas había una pradera donde los pastores tocaban la flauta y las pastoras el arpa de boca. Noventa pastores en sus tiendas de campaña, setenta pastoras tras sus vallas de bambú. Por el día cuando cuidaban del ganado todos los pastores parecían hermanos; por la noche cuando descansaban todas las pastoras parecían hermanas. El más hábil de los noventa pastores era el líder Nzipo Yulepai, la más ingeniosa de las setenta pastoras era su líder Kama Yumiji. El corazón de Nzipo estaba tan unido al de Kama como las dos piedras de un molino. Kama rodeaba a su amado como el agua rodea al verde pino, Nzipo rodeaba a su amada como la verde hierba rodea al hongo ganoderma[61].

Las vidas de los jóvenes discurrían en paz y alegría. En los tres meses de primavera la hierba es tierna y el agua dulce; los corderitos aman la hierba tierna, el corazón de los pastores es tan dulce como el agua. En los tres meses de verano el viento sopla caliente, la hierba espesa engorda a los corderos y el corazón de los pastores también está caliente. En los tres meses de otoño, en las ramas de los árboles aparecen flores amarillas, la lluvia otoñal refresca y los pastores y pastoras[62] se calientan bajo las mantas. En los tres meses de invierno, sobre las montañas nevadas vuelan copos de nieve, los corderos mastican la hierba marchita, los pastores se amontonan alrededor del fuego.

---

[61] Un tipo de hongo típico de la región que se cree proporciona buena salud y potencia espiritual.

[62] La insistencia del texto en señalar continuamente la existencia de pastores y pastoras debe interpretarse como un énfasis en mostrar que los dos sexos están presentes con igualdad de importancia en el relato. Para hacer más ágil la lectura hemos traducido en muchas ocasiones sólo como "pastores" aún cuando en el libro se indique "pastores y pastoras."

Una flor no es roja por cien días, ni una hierba fresca por mil días. Si los pastores permanecen siempre en el mismo sitio, no dejan que las praderas prosperen[63]. Cuando un árbol crece echa ramas, cuando los jóvenes crecen deben independizarse, así que los pastores pensaron en emigrar, en marchar a otro lugar. Tras las montañas aún hay más montañas, tras el cielo quedan otros cielos. Los jóvenes decidieron emigrar en busca de una buena tierra, así que recogieron sus tiendas y se prepararon para la marcha. Las montañas no bloquearán la larga marcha que preparan.

Al escuchar estas noticias sus padres se sintieron inquietos. Desde cada casa enviaron mensajes hasta las lejanas praderas, llenos de consejos y recomendaciones: "Ay pastores, el corazón de vuestros padres no puede emigrar, no puede marcharse lejos, pero nuestras palabras son como el oro. Rápido volved a casa. En el cielo está el camino de las estrellas, rápido seguidlo para volver; en la tierra está el camino de las hierbas, rápido volved sobre él; en la montaña está el camino de los árboles, rápido volved entre los árboles; en los valles está el camino del agua, rápido venid por allí."

Al recibir el mensaje los pastores les enviaron también su respuesta: "En el cielo está el camino de las estrellas, al que llevan tres estrellas. Cuando estas tres estrellas salen el firmamento se llena de estrellas. Por ese camino no se puede andar, por él no podremos bajar. Sobre la tierra está el camino de las hierbas, al que te lleva la artemisia, pero las hierbas lo cubren por completo extendiéndose por todo el suelo. Por ese camino no se puede andar y los pastores no podremos bajar. En la montaña está el camino de los árboles, las azaleas te llevan a él, pero cuando las azaleas florecen los árboles llenan toda la montaña, por ese camino no se puede andar y por el no vamos a bajar. En los valles está el camino de las aguas, al que te lleva el dragón, cuando el dragón lo inunda el agua lo cubre todo. Por ese camino no podemos andar, por él no vamos a bajar."

Tras varios días de caminar llegaron a un lugar muy especial. Desde lejos se ve que es un buen lugar en medio de un paisaje precioso. De los manantiales de la montaña brota el agua limpia, las flores son bellas y fragantes, el bosque reverdece la montaña, y las

---

[63] La esencia del nomadismo, para permitir la regeneración de los pastos.

hierbas son como el jade. Los pastores y pastoras se sienten encantados. El sonido de las flautas se extiende, el viento lo lleva a través de las montañas, el brillante sonido de las arpas de boca atraviesa diez mil cerros. Los pastores quieren irse lejos, cuanto más lejos van más bellos son los paisajes, nadie quiere volver a su casa.

Sus padres esperaron siete meses que bajaran, pero todo fue en vano. Esperaron nueve meses sin ningún resultado. Cada casa envió un mensaje aconsejando a los jóvenes pastores: "Los viejos árboles han vivido largas vidas, pero acceden a dar su vitalidad a las flores; el río que fluye eternamente gustoso da su vitalidad a la espuma que desaparece; los ancianos también dan gustosos su vitalidad a los jóvenes. Pastores y pastoras, rápido volved a casa."

Cuando el mensaje llegó a los jóvenes éstos contestaron: "Las flores se marchitan y desaparecen sin que el viejo árbol pueda unirse a ellas, la espuma desaparece sin que el río eterno pueda acercarse a ella; los jóvenes se van para no volver, ¿cómo puede la gente quedarse en su casa? Las ramas del viejo árbol tapan la luz del sol, y los arbolitos crecen débiles. Sobre el camino que se abre el río poderoso es difícil que el agua pueda extenderse. El caballo encerrado en el corral no tiene fuerza. Los jóvenes en casa no se sienten libres. De los verdes arboles lo más bello son las flores, del agua cristalina lo más bello es su espuma, de la gente en este mundo lo más bello son los jóvenes. Un día no puede tener dos amaneceres, un año no puede tener dos primaveras: cuando el aguilucho se hace fuerte aprovecha para volar lejos, cuando los jóvenes crecen, deben de irse con libertad.[64]"

Sus padres estaban preocupados. Sin saber qué hacer convocaban a los animales para que una y otra vez llevaran su mensaje a los jóvenes pastores. "Grulla blanca que vuelas entre las nubes, por favor ve a buscar a nuestros hijos." La grulla blanca grita en las alturas, llama a las nubes que se reúnen sobre el pico de la montaña y se transforman en blanca nieve y no puede ir a buscarles. "Cuco que vuela dando vueltas, por favor ve a buscar a los jóvenes." El cuco les llama "hay mañana más no hay noche". Está tan ocupado buscando comida que no puede ir a buscarles. "Cigarra que cantas en

---

[64] Toda una declaración de las ansias de libertad de los jóvenes.

la rama del árbol, por favor ve a buscarles." La cigarra les está llamando, pero antes de que llegue el invierno, pierde su piel y no puede ir a buscarles. "Pato salvaje que vuela sobre el agua, por favor ve a buscarles." El pato salvaje cacarea, pero solo provoca un aguacero y con las alas mojadas apenas puede volar, así que no puede ir a buscarles. "Muntiaco que corres por el bosque, por favor ve a buscarles." Pero la muntiaca madre vive en un pinar y sus hijos en un castañar, viviendo en los dos lugares, no puede ir a buscarles. "Antílope que saltas entre las rocas, por favor ve a buscarles." Pero mientras que la madre vive en las rocas altas sus hijos lo hacen en las bajas. Viviendo en dos lugares no puede ir a buscarles. "Pez que nadas en el agua, por favor ve a buscarles." Pero el pez grande nada en un gran estanque y el pequeño en uno pequeño. Nadando en dos lugares separados no puede ir a buscarles. "Papamoscas del paraíso, por favor ve a buscarles." Pero la cola de este pájaro es muy larga, los machos no llevan a sus polluelos y las hembras deben alimentarlos, y no puede ir a buscarles. "Ranita que estas junto al estanque, por favor ve a buscarles." Pero las cuatro patas de la rana solo pueden saltar sin poder andar, tienen boca pero no tienen lengua, así que no puede ir a buscarles. "Golondrina que vuelas sobre los riscos, por favor ve a buscarles." Pero la cola de la golondrina está dividida y vuela de un lado a otro, ocupada todo el día en construir su nido no puede ir a buscarles. "Lavandera que vives junto al río, por favor ve a buscarles." Pero la lavandera tiene la cabeza blanca, mueve su cabeza y mueve su cola, dando vueltas alrededor del río, y no puede ir a buscarles. "Buitre leonado que revoloteas en el claro cielo, por favor ve a buscarles." Pero el buitre leonado revolotea tres veces en lo alto del cielo, y otras tres en la parte baja, sin bajar a la tierra a descansar, no puede ir a buscarles.

Los padres estaban muy nerviosos, en la ladera construyeron un muro con piedras blancas y otro con piedras negras. El muro de piedras blancas constaba de nueve capas, el de negras de siete, todo para no dejar que los pastores salieran.

La pradera está toda verde, las nubes del cielo son tan blancas como un rebaño de corderos. Los pastores cantan, las ovejas balan, la música de las flautas se extiende por el aire, hasta confundirse con la de las arpas de boca. Nzipo corta la rama de un pino, con la que divertido hace saltar a los corderos, Kama toma una rama de sauce, con la que jugueteando guía a sus corderos. Los pastores quieren marcharse, se arreglan como señores, las pastoras quieren hacerles algunos regalos, pero allí no pueden encontrar nada. Las pastoras quieren emigrar y se maquillan muy guapas, los pastores quieren hacerles regalos, pero allí no encuentran nada. ¿Dónde hay perlas, oro y plata?

Nzipo baja la cabeza pensativo, Kama anda y se detiene, dan vueltas sin que su corazón repose, olvidándose de cuidar de sus rebaños. El sonido de los balidos se extiende, les recuerda que tienen que cuidar de sus corderos. Al reunir al rebaño cada uno cuenta 99 cabezas y se dan cuenta que a cada uno le falta un cordero. Un cordero de cabeza blanca que no saben dónde está. Si no van a buscarles el dios de los pastores puede enfadarse. Todos los pastores salen a buscar a los corderos perdidos. Buscan por nueve montañas sin ver ni rastro de ellos, atraviesan nueve bosques buscándoles hasta que súbitamente escuchan un balido. Siguiendo ese sonido llegan hasta un risco en el que hay un gran árbol mágico, que sujeta el cielo y se yergue entre las nubes. Sus ramas son de coral, sus hojas de jade, tiene flores de oro y plata que producen perlas y piedras preciosas. Los corderos que estaban perdidos muerden las hojas de jade bajo el árbol.

Durante los tres meses del invierno el viento del norte barre las hojas muertas, la nieve presiona las ramas, y el árbol mágico no echa hojas. Durante los tres meses de verano, las fuertes lluvias empapan todo, gotean sobre el árbol mágico, que no puede echar frutos. El verde jade brilla, las perlas relucen brillantes, fascinando el corazón de los pastores, encantando el corazón de las pastoras. Muy contentos se reúnen a pensar qué hacer con ese árbol. Toman unos frutos para comer y cogen unas hojas para alimentar a las ovejas, cortan unas ramas para hacer un corral.

El águila negra que se posa en la copa de los árboles puede venir a atacarles. Trenzando los pelos de la cola de caballo se hace un lazo en el que cae el águila y deja de atemorizar a los corderos. Las avispas que descansan en las ramas de los árboles pueden venir a picarles. Con resina hacen antorchas y prenden fuego a sus nidos, para que no vengan a herirles. Los tigres que viven al pie del árbol pueden lanzarse a comer a la gente; quemando unos bambúes se les hace explotar, haciendo que los tigres huyan y no vengan a molestar a la gente.

Vuela la grulla blanca, vuela el faisán dorado, corre el ciervo, corre el antílope. Los pájaros vuelan, las bestias van saltando. Los pastores están contentos, las pastoras se ríen. Un mes sigue a un día, un año sigue al mes; el tiempo es como una flecha, una vez lanzado no puede volver. Parece un momento, pero ya han pasado tres; parece un día pero ya son tres días; parece un mes pero tres meses han pasado.

El hombre lleva su espada preciosa, y se convierte en un héroe; la muchacha lleva su delantal, y así está de bella. Cavan la tierra buscando oro, hacen minas buscando plata. Buscan con cuidado el lugar donde pueda haber ágatas y perlas. Kama lleva su espada para cortar el árbol de plata, Nzipo lleva su hacha para cortar el árbol dorado, pero no están afiladas y no pueden cortar nada. Así que lo mejor es volver a empezar y hacer hachas y cuchillos de nuevo. Con tres rejas de arado hacen hachas y cuchillos, con la piel de un caballo moteado hacen un fuelle para avivar el fuego; con madera verde de un castaño hacen un buen carbón.

Como no pueden hacer buenas hachas y espadas invitan a un herrero a venir. Matan a una vaca para su desayuno, un cerdo para su almuerzo y una oveja para su cena. Cuando se han forjado las hachas y cuchillos, todavía hay que templarlas metiéndolas en agua. Invitan al dragón de cola blanca, que escupe su agua sagrada parta templarlas. Los nuevos cuchillos son muy duros y no se doblan, las nuevas hachas son tan fuertes que pueden cortar un caldero. Las frotan con una piedra hasta que su borde es afilado. Para llevarlas con seguridad piden a un unicornio hacer fundas con sus cuernos.

Nzipo y Kama se disponen a cortar el árbol mágico, así que se acercan y cortan con fuerza saltando una esquirla de plata blanca que cae a la montaña. Para tallar esa plata invitan a un platero que hace pulseras y pendientes. Las muchachas se ponen los pendientes, que tintinean cuando se mueven. Los muchachos las miran y piensan que son muy bellas. Los muchachos se ponen las pulseras de plata que relucen en sus muñecas. Las muchachas les miran y les ven tan guapos. Nzipo y Kama vuelven a cortar con fuerza el árbol mágico,

94

haciendo que una esquirla de oro caiga al suelo. Invitan a un herrero a que lo trabaje, que hace pulseras y pendientes dorados. Las muchachas se ponen los pendientes, que brillan cuando se mueven, y están tan bellas. Los muchachos se ponen las pulseras de oro que relucen en sus muñecas, y se les ve tan guapos. Cortan el árbol mágico una vez más y sale una esquirla de jade que trabaja un joyero, haciendo pendientes de jade para las muchachas y fundas para los cuchillos de los muchachos. Y todos están tan guapos. De un nuevo corte sale una esquirla de caracola, con la que las chicas hacen unos marcos para gafas, y los chicos unos colgantes, y se ven tan guapos. Cortan el árbol de nuevo y sale una ristra de perlas, con las que las muchachas se hacen collares, y los muchachos cinturones, y se ven tan guapos. Un nuevo corte hace salir una esquirla de gemas, que las chicas engarzan haciendo gargantillas, y los muchachos incrustan en sus ballestas, y están tan guapos. De un último corte sale un fragmento de cobre que cae en lo alto de la montaña, donde vive el tigre rojo. Para cazar al tigre rojo se hacen flechas con el cobre y así Nzipo le puede cazar, con su piel hacen fundas para las espadas y carcaj para las flechas que llevan los chicos, también hacen cojines, colchas y ropas, las muchachas se sientan sobre cojines de piel de tigre, y se visten con piel de tigre[65]. Cuando se miran se ven todos tan guapos.

Con el bambú amarillo que crece en la montaña hacen flautas para los chicos y arpas de boca para las chicas. Ahora que los regalos están listos los chicos se ven tan hermosos, las chicas tan guapas, y todos combinan tan bien. Nzipo toca su nueva flauta y conmueve el corazón de Kama, pues le gusta mucho. Kama hace sonar su nueva arpa de boca, el sonido ligero y agradable penetra en el corazón de Nzipo, que la escucha complacido.

Los caballos se enjaezan con estribos de oro, los perros llevan collares de plata. Los pastores llevan espadas preciosas y las pastoras sus collares de perlas. Pero al final acabaron cansándose de ese lugar

---

[65] Ya hemos comentado que sentarse en cojín de tigre y vestirse el vestido tigre son símbolos de realeza. El que en este mito se muestre a las pastoras realizado estos actos enfatiza que ellas son iguales a los pastores o incluso están en una posición más elevada.

y todos querían emigrar, por lo que hicieron una gran reunión para elegir una fecha auspiciosa. Pensaron en hacerlo en invierno, pero durante los tres meses de invierno la blanca grulla trae blanca nieve, que bloquea las montañas y los bosques, por lo que en invierno no podrían irse. Pensaron en hacerlo en primavera, pero durante los tres meses de primavera cuando se escucha el canto del cuco, la hierba acaba de brotar y el grano aún no está maduro, por lo que en primavera no podrían irse. Pensaron irse en verano, pero durante los tres meses de verano llueve sin parar un aguacero tras otro, desbordándose el agua por todas partes y las patas de los caballos se pegan en el barro, por lo que en verano no podrían irse. Tras el verano llega el otoño y durante los tres meses que dura en la montaña florecen flores doradas, y en los bosques de bambú se abren flores plateadas. Sobre los árboles maduran cien frutos y sobre la tierra los cinco granos. En otoño los días son buenos y el clima es el más adecuado para viajar, así que los pastores deciden emigrar en otoño.

Abriendo la valla con sus nueves capas los muchachos salen corriendo, derribando la valla en otros lugres las chicas corren contentas. Contentos y alborotados se ponen en marcha hacia tierras lejanas. Así, cantando y riendo avanzan sin darse cuenta hasta llegar a un gran río. El agua bajaba con fuerza desbordándose por sus orillas, el puente de madera que lo cruzaba había sido arrastrado por las aguas. Como los muchachos andaban más deprisa, habían llegado antes, y ya estaban en la orilla de enfrente mientras que las pastoras estaban en la otra, aunque se llaman no pueden comunicarse. Los chicos empiezan a hacer un puente de piedra, pero antes de que lo acaben se derrumba, y aunque hiere a algunos, mayor es su dolor al no ver a las pastoras.

Éstas, desde su orilla, intentan hacer un puente con cáñamo, pero antes de que lo acaben también se rompe, y aunque golpea a algunas al caerse, les duele más no ver a los pastores. Nzipo siempre tiene ideas y convoca a los pastores a una reunión. Con madera de pino hacen una barca y con madera de ciprés los remos, y así remando a un lado y otro llegan a la otra orilla, y ya no temen que el agua les separe. Kama que es muy ingeniosa, convoca a las chicas para pensar. Matan a unos grandes carneros y con su piel hacen unas balsas, de tal forma que nadando sobre ellas llegan a la otra orilla y ya no temen que el agua les separe. Sobre un árbol marchito a la orilla del río una araña teje su red. De la araña estudiaron la mejor forma de hacer una liana para cruzar. Con enredaderas hacen una liana, con corteza hacen un extremo, y lo tienden sobre el río, y ya no temen que las aguas les separen[66].

Alegres los jóvenes se reúnen, contentos de estar de nuevo juntos, pero nadie está más contento que Kama y Nzipo. Bajo las altas montañas, junto a los dulces valles, los pastores se reúnen junto al fuego. Los pececillos nadan en el agua, las abejas revolotean sobre las flores; los jóvenes amantes de nuevo están juntos. Al llegar a mitad de camino, ya se habían comido todo el grano seco[67], y tenían el cuerpo agotado de subir montañas y cruzar ríos. Bajo el Risco de las Estrellas había una cueva pequeña y estrecha. Se agrandó un poco y quedó adecuada para poder vivir de forma temporal. Al pie de una alta montaña había una tierra llana que parecía la palma de la mano, como no era muy grande se amplió un poco, y en ella se plantaron algunas cosas. Con el alforfón que se recogió, se prepararon cosas para comer, con cáñamo y pieles se tejieron telas y la gente pudo vestirse.

Tras pasar un tiempo allí los pastores se pusieron en marcha, las pastoras empezaron a moverse. Para emigrar a un lugar lejano, para buscar un buen lugar. Todos los chicos y las chicas se pusieron en marcha[68]. La joven Kama se puso en marcha preocupada; pero los padres del joven Nzipo detuvieron su marcha y se lo llevaron a casa.

Oh, el cielo aún no se había movido y las estrellas habían caído, el cielo y las estrellas quedaron separados. Sin que la llanura se moviera la yerba se cayó, la pradera y la hierba quedaron separados.

---

[66] Aquí se describen las tres formas tradicionales de cruzar un río entre los Naxi. Muchos de sus ríos son ríos de montaña con considerable corriente en los que las barcas no son de utilidad. Las lianas sirven para los ríos estrechos entre barrancos. Los primeros viajeros que llegaron a sus tierras se sorprendieron al verles cruzar el río Yangtze en sus balsas de piel de carnero.

[67] Una pasta de trigo con la que cargaban como provisiones durante sus expediciones guerreras o de otro tipo.

[68] Vemos a los pastores en su continua actividad nómada, siempre en busca de nuevos pastos, tal y como podría haber sido la vida de los antepasados de los Naxi antes de asentarse en la región de Lijiang.

Sin que la orilla se fuera, el agua desapareció, la orilla y el agua quedaron separados. Sin que el árbol se fuera las hojas cayeron, y el árbol y las hojas quedaron separados. Nzipo se iba con lágrimas en los ojos, Kama a cada paso volvía la cabeza tres veces. Los amantes se separaron, montañas separadas y aguas bloqueadas es difícil que se encuentren.

Cruzaron nueve montañas y siete ríos llegando a un nuevo lugar. En las praderas de las montañas había buenos pastos, las llanuras a la orilla de los ríos eran amplias, el agua de los ríos clara y dulce, las flores brillantes y fragantes. Se pusieron a construir sus casas y levantaron nueve casas, donde la gente se quedó a vivir formando una nueva aldea. Roturaron nuevos campos, cavando nuevas acequias que irrigaban los campos. Pastores y pastoras se emparejaron, quedando sola Kama, que se sentía muy triste. No viendo a su amado Nzipo, las lágrimas brotaban de sus ojos. Los pinos se unen con los cipreses, la blanca nieve con las blancas nubes, el oro con el jade, el coral con las perlas, y Kama quiere unirse con Nzipo.

Los patos mandarines vuelan en parejas, hasta que son separados por el viento, los amantes están unidos, hasta que son separados por sus padres. La única compañía que tiene Kama es su reflejo en un espejo, lo único que se agarra de su mano es la pulsera de plata. No es que nadie la quiera ver, no es que nadie la quiera dar la mano, cien caras desde el espejo la quieren mirar, mil manos cariñosas se estrechan hacia la suya. Pero para ella solo aumentan su desdicha. El brillo del espejo es el corazón de Nzipo, el calor de la pulsera es el deseo de Nzipo. Jugando con su espejo redondo su corazón se ilumina, tocando su pulsera de plata su corazón se calienta. El viento sopla las hojas de los árboles, tal vez sea que Nzipo se va, los perros ladran en la puerta, tal vez sea que Nzipo viene. Kama espera y espera, segura de que Nzipo volverá.

Un ganso solitario atraviesa las nubes, que le cubren hasta que se pierde de vista; el corazón de Nzipo también revolotea por las nubes. En su mano lleva la espada con su empuñadura engarzada de joyas que brillan al sol. Pero no son las piedras preciosas lo que brillan sino los ojos de Kama. En su mano lleva una espada con empuñadura de coral que centellea bajo el sol. Ah, no es el colar lo que brilla, sino la sangre de Kama. Cuando Nzipo mira su espada se siente muy triste, el fuego que arde no le calienta, el té fragante no tiene sabor.

Parece como si las blancas nubes tuvieran piernas, que invitan a ponerte de pies, que hacen a uno saltar hasta llegar junto al cielo. El águila macho se lanza sobre las nubes, el ciervo blanco abandona su guarida. Nzipo, tienes que estudiar de ellos. El primer día por la noche pensó en escaparse, más con un solo pie no se puede correr. Además los ojos de sus padres le vigilan de cerca y esa noche no pudo escapar. La segunda noche pensó en escapar, un gallo con dos patas no vuela muy alto. Los ojos de sus padres le vigilan y no pudo escapar. La tercera noche pensó en escapar, el trípode de hierro arde por el fuego. Pero los ojos de sus padres le vigilan y no pudo escapar. La cuarta noche pensó en escapar, una silla con cuatro patas es muy estable. Pero los ojos de sus padres le vigilan y no pudo escapar. La quinta noche pensó en escapar, una casa con cinco habitaciones se cierra muy bien. Pero los ojos de sus padres le vigilan y no pudo escapar. La sexta noche pensó en escapar, seis medidas de pasta aun no se han frito. Pero los ojos de sus padres le vigilan y no pudo escapar. La séptima noche pensó en escapar, siete estrellas iluminaban todo el firmamento. Pero los ojos de sus padres le vigilan y no pudo escapar. La octava noche pensó en escapar, ocho montones de trigo aún no se han trillado. Pero los ojos de sus padres le vigilan y no pudo escapar. La novena noche pensó en escapar, los nueve bueyes del arado aún no han comido. Pero los ojos de sus padres le vigilan y no pudo escapar. La decima noche pensó en escapar, diez costaladas de leña aún no se han cortado. Pero los ojos de sus padres le vigilan y no pudo escapar. Cada noche pensaba en escapar, pero cada día elegía mal, y los ojos de sus padres le vigilan de cerca sin permitirle escapar.

Parece que Kama, y puede que algunos jóvenes más, ha bajado de la montaña.

Kama estaba en su cuarto tejiendo. Mientras tejía pensaba en su amado. Las lágrimas mojaban su tela. Un día tras otro Kama tejía pero su corazón no veía la esperanza. Sus lágrimas no dejaban de brotar. Había sido prometida en matrimonio con un hombre que no conocía y por el que no sentía interés. En vez de ir con su marido pensó que sería mejor cometer suicidio con su amante, el pastor Nzibo[69]. Sin embargo ella no tenía ganas de morir, e iba retardando el momento con mil escusas. Subió a las praderas alpinas y estuvo esperando pacientemente a su amante, murmurando mientras tanto que acabaría suicidándose. Estaba pensando que había sido abandonada y ahora estaba sola, pero por lo menos el dios del hogar no había sido llevado de casa[70]. "Las parejas viven juntas, tanto las que son felices como las que no. Si una pierna se rompe entonces la otra tiene una caña como compañera. Si uno se queda ciego entonces su compañero será su guía. Un niño dorado me dio un espejo y una chica dorada le dio a él una pulsera. Pero para mí sólo ha sido una carga que llevar y un paquete que llena mis brazos."

Kama estaba sentada en su casa tejiendo telas azules y amarillas. Se estaba haciendo unos vestidos dorados y plateados[71]. Mientras colocaba el hilo de turquesa en su huso de coral pensaba: "¿Qué más da si tejo deprisa o despacio? La verdad es que no tiene sentido que teja." En ese momento miró hacia arriba y vio a un cuervo que pasaba volando. Dirigiéndose a él le preguntó: "Cuervo, cuervo. ¿Podrías llevarme un mensaje? No será tan pesado como otras cargas, pues llevar las palabras no es como llevar a la persona. Un árbol es muy pesado de llevar pero sus hojas son ligeras. El agua es pesada de llevar pero su espuma es ligera."

Como el cuervo asintió a su petición, ella continuó: "Por favor lleva este mensaje a mi amado pastorcillo y a mis padres políticos. Bajo el cielo donde nacen los hombres las estrellas masculinas aún no han llegado a la conjunción con tres de las muchas estrellas femeninas que ascienden y yo soy una de ellas. Sobre la aldea las ovejas aún no han mordisqueado tres de los muchos mechones de

---

[69] Es el pensamiento que se repiten durante dos siglos las jóvenes naxi y que da origen a la epidemia de suicidios entre ellas.

[70] Debe referirse a la deidad de cada persona que habita con los del resto de la familia en una cesta de los espíritus, y cuyo traslado a la casa del marido, es el momento culminante del matrimonio.

[71] No queda claro si se refiere a que estaba tejiendo ya los vestidos del suicidio, pues era una ropa de gala, ya que no podían presentarse de cualquier forma ante los antepasados.

hierba y yo soy uno de ellos. Cerca de la aldea, hay un muchacho muy bello que ha hecho el amor con muchas chicas excepto con tres y yo soy una de ellas. Rápido prepara el caballo. Rápido ensilla un caballo con una silla dorada y ven a verme. Pon mi traje de novia en el baúl nupcial y ven a encontrarme con mi dote."

El cuervo llevó el mensaje de Kama, repitiendo sus palabras ante sus padres políticos. Los padres y su amado tras escuchar el mensaje le contestaron: "Bajo el cielo donde los hombres nacen las estrellas masculinas aun no han estado en conjunción con tres de las muchas estrellas ascendentes femeninas y ¿tú dices que eres una de esas? Esa estrella entonces se levanta tarde y por lo tanto no brilla. Durante los tres meses del verano el sol, la luna y las nubes la ocultan. Tú naciste en tal tiempo y no eres una de las muchas estrellas. De hecho, tú eres una ¡mala estrella! Sobre la aldea, las ovejas aún no han mordisqueado tres de las muchas matas de hierba y tú dices que eres una de ellas. Esa hierba entonces crece tarde y por lo tanto no es verde. Durante los tres meses de invierno, el frio la congela y la mata. Tú naciste en ese tiempo y de las muchas matas de hierba no eres ninguna. De hecho, lo que eres es ¡mala hierba! Cerca de la aldea hay un bello muchacho que ha hecho el amor a tantas chicas excepto a tres y ¿tú dices que eres una de ellas? Tú eres una de las que ha hecho el amor con él. De hecho, tú incluso has dormido con ¡un leproso! Eres como una yegua llena de forúnculos. Una serpiente verde se ha enrollado en tu vagina y llevas una rana verde en tu útero[72]. Tú eres una de esas que lleva la cuerda del suicidio en su cuello. No muchacha, no vamos a llamarte dulcemente para que vengas a nuestra casa. No vamos a ensillar un caballo con una montura dorada para ir a encontrarte. No vamos a colocar tu vestido de novia en el baúl nupcial ni encontrarte con tu dote. Ve y búscate un marido tu sola en otro lugar. Nosotros iremos a buscar una esposa en otro sitio."

---

[72] Atención a la serpiente y la rana. Es posible que este párrafo nos muestre el conflicto entre los Naxi de la ciudad, ya en cierto grado sinizados y los que todavía permanecen fieles a sus tradiciones, y decirle que lleva una serpiente y una rana es llamarla Naxi tradicional, pueblerina, paleta, pues la serpiente y la rana son símbolos de sus deidades naturales.

Cuando el cuervo le llevó esa respuesta a Kama, sitió su corazón lleno de tristeza. Intentando sobreponerse se dijo: "Bien. De hecho yo no te quiero. No voy a escucharte." Entonces exclamó: "¡Oh tigre! Las montañas existen antes de que tú nacieras pero desde entonces tú has vivido en las montañas. El cerdo negro vaga por los valles, pero no podría estar vagando si no hubiera valles. Como existen los valles el cerdo negro puede deambular por ellos. Si la clemátide no existiera no habría nada que ascendiera alrededor del árbol. Si el árbol no estuviera derecho la clemátide no podría ascender por él, pero como sí está derecho ella asciende."

Durante el día ella lloraba, la noche la pasaba sin poder descansar pues aunque tenía un buen corazón, pensaba cosas malas. Se ató unas cuantas piedras negras en su falda y se dirigió al agua a cometer suicidio pero la superficie del agua estaba de un color azul como sus ojos. Se sintió timorata pues no deseaba morir, así que volvió a su casa. Enrolló una nueva cuerda y se fue a un árbol a cometer suicidio pero el pico de árbol se movía porque no tenía boca y no le había pedido a ella que fuera allí a morir y pudrirse. Se sintió pusilánime pues no deseaba morir así que volvió a su casa. Se puso entonces sus zapatos dorados y se fue a un precipicio a cometer suicidio pero la cara del precipicio era de un blanco puro como su propio rostro. Se sintió desanimada no deseando morir y volvió a su casa.

Kama estaba sentada en su casa tejiendo. "¿Qué importa si tejo deprisa o despacio? Mis manos están ocupadas pero mis oscuros ojos no lo están." Miró de nuevo al cielo y vio al cuervo de nuevo. Le pidió que llevara un nuevo mensaje. Intentando ganarse su favor le recordó: "No será tan pesado como otras cargas, pues llevar las palabras no es como llevar a la persona. Un árbol es muy pesado pero sus hojas son ligeras. El agua es pesada pero su espuma es ligera. Por favor lleva este mensaje a mi amado Nzibo."

"Hace unos días hablamos sobre esos amantes que cometen suicidio. ¿Lo has olvidado Nzibo? Cuando los blancos ciervos beben de un manantial salado, el sabor permanece en su boca y les hace anhelar más. Cuando el cordero come la hierba fresca de la montaña no la olvida. Si no fuera por la plata no habría nada con que comparar al oro. Si no fuera por la turquesa, el coral sería incomparable. Si no fuera por el pino no habría nada con que comparar el roble. Si no fuera por la clemátide el árbol no tendría nada que se enrollara en él. Si no fuera por el hijo del tío materno la hija de la tía paterna[73] no tendría con quien casarse. Si no fuera por Nzibo Kama no tendría a nadie. Ensilla un caballo con una montura dorada y ven a buscarme. Coloca mi ropa de novia en un baúl nupcial y ven a encontrarme con mi dote."

Cuando Nzibo leyó el mensaje enseguida contestó: "Soy un pastor que pasa su tiempo en las altas praderas alpinas cuidando de sus ovejas. Durante treinta días de otoño pastoreo a las ovejas, durante los tres meses de otoño las ovejas bajan de las praderas, y no puedo ir. Dije que iría en verano, pero durante treinta días en verano estoy plantando grano. Durante los tres meses de verano, el grano madura y yo pongo el grano en el granero, y no puedo ir. Dije que iría en invierno. Durante los tres meses de invierno cae la blanca nieve, como no tengo zapatos[74] y no se puede ir descalzo con ese frío no puedo ir entonces. Dije que iría en primavera. Durante los tres meses de primavera puede que no haya comida[75], las provisiones serán utilizadas, y así no puedo prometer que iré entonces. Otra noche ha llegado y yo todavía no he ido, ha llegado un nuevo mes y todavía no he ido, otro año ha llegado y todavía no he ido. Pensaba que sería una noche pero pasaron tres. Pensaba que sería un mes pero pasaron tres. Pensé que sería un año pero han pasado tres."

Mientras Kama estaba sentada en su casa tejiendo, los demonios femeninos del suicidio la llamaron una vez, ella les escuchó cien veces. Le llamaron cien veces, ella les escuchó mil: "En la tierra de los vivos si no trabajas no consigues comida. Si no pastoreas el ganado no habrá leche. Si no pones tus trampas no puedes capturar animales salvajes. E incluso aunque trabajes duramente nunca hay suficiente para comer, y aunque todo el mundo esté cuidando sus ovejas con toda su atención, nunca hay suficiente ropa de lana para vestir. Ven entonces y deja a tus ojos iluminarse en las adorables

---

[73] Referencia a los matrimonios tradicionales naxi.
[74] Bacot describe a principios del siglo XX que la mayoría de los Naxi andaban descalzos incluso en invierno.
[75] La mayoría de la gente pasaba hambre durante unas semanas en primavera.

praderas alpinas, deja a tus pies hollar alegres las frescas hierbas del paraíso, deja a tus manos la alegría de ordeñar al yak. ¡Ven y que tu casa sean las nubes que reposan sobre las altas montañas! ¡Ven y bebe el agua fresca de los arroyos de la montaña! ¡Ven a donde la abeja recoge la miel de las flores del paraíso! ¡Ven y haz del tigre rojo tu montura desde la que pastorearás a los blancos ciervos como si fuera tu ganado! ¡Ven y ordeña a la cierva de anchas orejas! Teje las nubes blancas con un viento blanco.[76]"

Kama estuvo pensando en esas palabras y creyó que eran verdad. Su corazón era bueno pero tenía malos pensamientos: "Si fuera y me colgara me traería paz y pondría fin a mis problemas. Si no lo hago siempre estaré al borde de la miseria."

Entonces los demonios femeninos del suicidio crearon una ilusión. Tres nubes blancas aparecieron en el cielo como si fueran cadáveres colgando por el cuello, lo mismo que hicieron tres columnas de lluvia en la tierra, y tres ráfagas de viento blanco en la montaña y tres matas de verde hierba en la tierra. Vio a una mariposa ahorcada de la rama de un árbol, y a una libélula colgada de un tallo de artemisia. Mientras estaba sentada cosiendo vio a una pequeña serpiente que estaba colgada del palo de su telar. Tenía ojos de oro y plata mientras que sus cuernos eran de turquesa y coral. Entonces se dijo: "Si fuera y me colgara me traería paz y pondría fin a mis problemas. Si no lo hago siempre estaré al borde de la miseria."

La primera reina celestial del suicidio se colgó de la bóveda del cielo, sus ojos eran como el coral. La segunda reina celestial del suicidio se colgó de la bóveda del cielo, su espíritu era como el oro y la plata. La tercera reina del suicidio hizo lo mismo, sus huesos eran tan blancos como conchas. La chica Kama fue a ver los lugares donde ellas habían cometido suicidio. "Si fuera y me colgara me traería paz y pondría fin a mis problemas. Si no lo hago siempre estaré al borde de la miseria." Pensó de nuevo.

La grulla blanca se ahorcó en las nubes, su plumón era como plata y oro. El cuco se ahorcó en el pico de un árbol verde, su

---

[76] Algunos autores han elaborado las someras descripciones de este estado paradisíaco con que le tientan los demonios del suicidio considerando que se referiría a un primitivo concepto de paraíso natural de los Naxi.

plumón era como turquesa y coral. El búho se ahorcó en un alto acantilado, su plumón era como plata y oro. El risueño tordo gigante se ahorcó en la punta de un cañaveral, su plumón era como plata y oro. El faisán tragopán se ahorcó de un roble amarillo, su plumón era como turquesa y coral, el faisán de piedra y el de Amherst se colgaron de un acantilado y su plumón era como de plata y oro. El tigre rojo se ahorcó en la alta montaña, sus rayas eran de plata y oro. El ciervo blanco se ahorcó donde las nieblas se asientan en la montaña, sus cuernos eran como ramas de pinos y robles. La serau[77] hembra con su pata azul se ahorcó en una cueva sobre el alto precipicio, su melena era como turquesa y coral. El ciervo almizclero con largos colmillos se ahorcó en un árbol doblado por el viento, sus colmillos se convirtieron en plata y oro. El faisán tibetano de orejas rojas se colgó en la rama de un junípero, su plumón era como turquesa y coral.

La chica Kama fue a ver los lugares donde estos animales se habían suicidado. "Si fuera y me colgara me traería paz y pondría fin a mis problemas. Si no lo hago siempre estaré al borde de la miseria." Pensó de nuevo.

Su corazón era bueno pero ella pensaba cosas malas. Se puso sus zapatos dorados y se fue al barranco a cometer suicidio pero el negro barranco no tenía boca para decirla que muriera allí, así que se volvió. Trenzó una nueva cuerda y se fue a un árbol a suicidarse pero el negro árbol no tenía boca para decirla que muriera allí, así que volvió a su casa. Puso unas rocas negras en su falda y se fue a la orilla del agua a suicidarse pero el agua negra no tenía boca para decirla que muriera allí, así que volvió a su casa. Se dirigió al oeste hacia el gran roble del Monte Shilo para suicidarse pero la negra cuerda no tenía boca para decirla que muriera allí porque ella no había hecho el lazo, pues aún no se había decidido. El roble amarillo no tenía boca para decirla que muriera allí y ella seguía sin decidirse. "Si no fuera por este roble amarillo no me habría decidido a morir aquí, pero ya que hay un roble amarillo me he decidido a morir. Voy a ir a ahorcarme pues esa es la costumbre." Así fue como Kama se ahorcó en un roble amarillo sobre el monte Shilo.

---

[77] Mamífero semejante a una cabra o antílope perteneciente al género Capricornis.

A partir de entonces los días y noches de Nzipo pasaban sin sentido. Comía sin interés, bebía y se atragantaba. Por el día cuidaba a sus ovejas pero no se preocupaba de ellas. Por la noche volvía a su casa, para recibir las reprimendas de sus padres. Tres días y tres noches después de que Kama se ahorcara sucedió que Nzibo perdió una vieja vaca negra sin saber en qué dirección había marchado. Si el ganado se pierde y la gente no les busca sus espíritus protectores se pueden enfadar. Si se pierde el grano y la gente no le busca el espíritu de la cosecha se enfadará. Así es que Nzipo salió en busca de la vaca perdida y llegó al pie de la montaña Shilo. Vagando por la montaña se encontró con el espíritu de Kama, pues aunque ella se había ahorcado unos días antes y su cuerpo estaba muerto, su alma todavía podía hablar. Al sentir su presencia Kama le dijo: "Nzibo, hace unos días di a la blanca lavandera un mensaje para ti. Te enviaba mil frases. ¿No las has recibido? Di al cuervo un mensaje para ti. Te enviaba cien frases ¿no las has recibido?"

Nzipo le contestó: "Ciertamente recibí el mensaje con tus mil frases de la lavandera y el mensaje con cien frases que diste al cuervo. Sin embargo, dije que iría durante los tres meses de invierno, pero no tenía zapatos y siendo imposible caminar descalzo con ese frío no fui en invierno. Dije que iría durante los tres meses de primavera pero como tenía miedo de que no hubiera comida, ya que los graneros estaban vacíos no fui en primavera. Dije que iría durante los tres meses de verano pero empezaron las lluvias y como no tenía la ropa adecuada y no quería llegar empapado[78] no fui en los meses de verano. Dije que iría en los tres meses de otoño pero había tantas cosas que hacer y durante treinta días estuve sembrando el grano y luego guardando el grano maduro en el granero así que no fui en otoño. Pensaba que sería una noche pero pasaron tres; pensé que sería un mes pero tres meses pasaron, pensé que sería un año pero tres años han pasado."

Nzipo dijo entonces a Kama: "El cordero no quería obedecer y seguir a los otros a los pastos alpinos. El chico no quería seguir a la chica, no había acordado hacer así. Se dice Kama que las flores plateadas se marchitan tan pronto como las flores doradas, o las

---

[78] En los meses de julio y agosto puede llover todos los días.

flores de turquesa o de coral." Entonces miró hacia arriba y sus lágrimas cayeron al suelo: "Kama ¿si te diera el aliento de una cabra o una oveja podrías volver a hablar? ¿Si te diera unos ojos de turquesa o de coral podrías volver a ver? ¿Si te diera raíces de pino o de roble como apoyo podrías andar de nuevo? ¿Si te diera dientes de plata y oro podrías comer de nuevo? ¿Si te diera comida podrías comerla? ¿Si te diera vino podrías beberlo? ¿Podrías comer carne tierna y sabrosa? ¿Podrías llevar unos zapatos dorados? ¿Podrías vestir vestidos de oro y plata?"

Kama le contestó entonces: "Déjame hacerte entender que aunque me dieras el aliento de una cabra o una oveja no sería capaz de hablar de nuevo pues esa no es la costumbre. Aunque me dieras ojos de turquesa o de coral no podría volver a ver pues esa no es la costumbre, aunque me dieras raíces de pino o de roble como apoyo no podría andar de nuevo pues esa no es la costumbre, aunque me dieras dientes de plata y oro no podría comer de nuevo pues esa no es la costumbre, aunque me dieras comida no podría comerla, ni podría beber el vino, no podría llevar zapatos dorados ni ponerme vestidos de oro y plata. Esa no es la costumbre."

Luego continuó: "¿Harán presa de mi cuerpo la grulla y el halcón durante el día? ¿Harán presa de mi cuerpo el gato salvaje y el zorro por la noche? Nzipo, saca la espada que llevas al cinto[79] y corta la cuerda que até a mi cuello. Quítate tu capa de fieltro y cubre mi cuerpo. Crémame en las zonas de cremación. Quémame hasta que mis huesos queden blancos y mi cuerpo se haya transformado en hollín y cenizas. Por favor, haz que mi alma sea escoltada al cielo."

Nzipo le contestó: "Déjame hacerte entender que primero deberemos esperar a un año propicio y un mes propicio. Debemos esperar a los vientos del invierno, hasta que las artemisias y las hojas de los árboles se tornen amarillas. Tenemos que esperar la llamada de las grullas y la llegada de los patos. Tenemos que esperar hasta que las aguas fluyan entre las estribaciones cubiertas de pinos. Tenemos que esperar hasta que los campos hayan sido arados, hasta que el grano se haya sembrado y los bueyes estén cansados. Tenemos que esperar

---

[79] Bacot informa que tradicionalmente hombres y mujeres llevaban una espada al cinto.

hasta que el vino se haya cocido y fermentado, hasta que el azúcar se haya hervido y aposentado. Tenemos que esperar hasta que los cerdos hayan sido criados y engordados[80]. Hasta entonces no podré tomar tu cuerpo y colocarlo ante la puerta principal de la casa. Entonces yo haré que se escolte a tu alma hasta las tres generaciones de tus antepasados paternos y a las de tus antepasados maternos. Entonces devolveré tus tres posesiones diferentes a tus parientes. Haré que tu alma sea escoltada al lugar de tus antepasados para que se una con tu padre y madre fallecidos."

Kama le contestó: "Incluso aunque me fueras a dar el aliento de una cabra o una oveja[81] yo no sería capaz de hablar pues no he recibido los últimos ritos tradicionales, así que nunca llegaré al mundo de mi padre y mi madre[82]. No hagas que mi alma sea escoltada a las tierras de mis ancestros, no esperes por un mes ni un año propicios. No esperes a que el vino haya sido cocido y fermentado ni hasta que el azúcar se haya fabricado. No tomes mi cuerpo para colocarlo ante la puerta principal de mi casa. En vez de ello haz que mi alma sea escoltada hasta el pie de la montaña donde viven los demonios femeninos del suicidio. Ahora, Nzipo, saca tu espada del cinto y corta la cuerda que até alrededor de mi cuello, quítate tu capa blanca y cubre mi cuerpo, crémame en la zona de cremación. Quémame hasta que mis huesos queden blancos y mi cuerpo se haya transformado en hollín y cenizas. Debes hacer esto por mí."

Kama continuó: "Nzipo, ¿deseas riquezas? ¿Las deseas como un buey de ojos negros o setenta ovejas añoran la sal? Pues hay una roca negra donde la tierra de los dioses y la de los demonios se unen y bajo ella hay trozos de plata y de oro, además de turquesas y

---

[80] Parece una descripción de las diferentes actividades necesarias a la preparación de los funerales.

[81] Las continuas referencias a la cabra y la oveja, en este contexto, no cabe duda que se refieren a su papel de psicopompos, acompañantes del espíritu del muerto, y su sacrificio ritual ante la persona que moría.

[82] Se refiere a las monedas y granos que se colocaban inmediatamente después de morir en la boca de una persona, sin los que no puede llegar a las tierras de los ancestros.

corales. Sin embargo, no puedes tomarlas hasta que hayan pasado tres años, tres meses y tres días."

Nzipo entonces le preguntó: "¿Entonces no vas a llamar y desatar las negras nubes y blancos vientos del cielo? ¿No vas a pensar cosas malas en ese buen corazón que tienes? ¿No vas a proferir maldiciones? ¿No vas a enviar entonces la nieve del cielo? ¿No vas a enviar los demonios que hacen enfermar al ganado? ¿No envenenarás el grano?[83]"

Kama le respondió: "Hace unos días nos enviamos mensajes. ¿Lo has olvidado Nzipo? Cuando los blancos ciervos beben de un manantial salado, el sabor permanece en su boca y les hace anhelar más. Cuando el cordero come la hierba fresca de la montaña no la olvida. No voy a convocar y desatar las negras nubes y blancos vientos del cielo. No voy a pensar cosas malas en mi corazón. No voy a proferir maldiciones. No voy a enviar la nieve del cielo. No voy a enviar demonios que hacen enfermar al ganado ni envenenar el grano."

Nzipo creyó que ella decía la verdad, así que tomó su espada y cortó la cuerda con la que Kama se había ahorcado dejando que su cuerpo cayera al suelo. Se quitó entonces su capa blanca y cubrió su cuerpo. Le cremó en la zona de cremación hasta que sus huesos quedaron blancos y su cuerpo se hubo convertido en hollín y cenizas. Ni la grulla ni el halcón pudieron hacer presa de su cuerpo durante el día, ni tampoco el zorro y el gato salvaje por la noche.

Pero Nzipo deseaba las riquezas como un buey de ojo negro y setenta ovejas añoran la sal. No habían pasado tres años, tres meses y tres días cuando Nzipo tomó el oro y la plata, las turquesas y corales bajo la piedra donde la tierra de los dioses y la de los demonios se comunican. Eso hizo que Kama pensara mal en su corazón y ella envió maldiciones. Convocó y desató a las nubes negras y blancos vientos. Envió nieve, así como a los demonios que hacen enfermar al ganado y envenenó el grano.

---

[83] Todas son acciones que pueden hacer los malos espíritus, los que no son debidamente atendidos tras la muerte, que en lugar de dirigirse a las tierras de los antepasados se quedan rondando cerca del mundo de los vivos causando numerosas desgracias.

Kama tomó la misma cuerda con la que ella se había ahorcado y la ató al cuello de Nzipo. Él fue entonces y se ahorcó de un tallo de bambú[84].

Notas:

Este es un mito complejo que en muchas ocasiones está dividido en dos partes tan claramente diferenciadas, que a veces sólo se traduce una. La primera parte narra ese paraíso en que vivían los jóvenes en la montaña, del que también hay numerosas versiones, todas más o menos parecidas. Para la traducción presente he seguido la versión de *Lubanlushao*, publicada en el año 2009 por la Editorial del Pueblo de Yunnan, adaptándola cuando he creído oportuno con escenas de otras versiones. La segunda parte narra el tiempo, cuando tras la separación los amantes se dirigen lentamente al suicidio. Para ella he seguido la versión que proporciona Anthony Jackson en *A Na-khi Folk-Tale*. Sólo presentándolas juntas se puede entender que en realidad Kama no es una chica con buen corazón y malos pensamientos como se repite una y otra vez, sino que es el arquetipo de la mujer Naxi que ve arrebatados sus derechos, especialmente el derecho al amor y a elegir libremente con quién quiere pasar sus días. Es por ello que las muchachas Naxi se identificaban con ella, con la mujer que ha vivido en la libertad y se ve condenada a someterse a un sistema en el que su capacidad de elección se acaba. El remedio que ella toma, es seguido por ellas, por esa misma razón.

Como Jackson señala esta historia probablemente haya sido la que más muertes haya causado en los pasados siglos, pues la determinación de Kama y las descripciones del paraíso donde habitan las reinas del suicidio, eran una tentación muy poderosa para las muchachas que veían su amor imposible, y condenadas en cambio a una vida en compañía de una pareja que no deseaban. Como los sacerdotes Dongbas eran acusados en algunas ocasiones de propiciar

---

[84] En algunas versiones Nzipo se siente enfermo cuando la cuerda es atada alrededor de su cuello. Al llegar a su casa se siente paralizado. Llaman a un adivino *llubhu* para que diagnostique el problema y a un sacerdote Dongba para que realice la ceremonia Harlaluku por la que los demonios del suicidio son propiciados. Entonces se recupera de su enfermedad.

el suicidio con esta narración, se dice que al llegar a las partes más seductoras del mito las cantaban en voz baja para que nadie pudiera oírlas. Lo cierto es que los suicidios de amantes despechados eran muy frecuentes en Lijiang, y la ceremonia Harlaluku para recuperar su alma, de las más largas que los Dongba celebraban.

Congren Bandi busca la medicina de la inmortalidad[85]

Hubo una ocasión en que Congren Bandi salió de caza con sus hermanos. Pasaron tres días y tres noches cazando en el bosque y cuando regresaron a su casa descubrieron que su padre y su madre habían muerto. Y aunque les ofrecieron tres cuencos de carne y arroz, nada pudieron comer; tampoco pudieron beber lo que les ofrecieron ni vestir sus ofrendas. Deprimido Congren Bandi se dijo: "Lo que muere no puede volver a vivir, los enfermos deben de curarse bien. A la orilla del gran océano situado en las tierras occidentales, en las tierras del jefe Leqi Nenpu se dice que crece una hierba que proporciona larga vida sin envejecer, iré a buscar esa hierba preciosa y regresaré con ella."

De esta forma Congren Bandi se puso en marcha con sus dos hermanos, cada uno montado en su caballo. El primer día llegaron a un gran árbol en la montaña bajo el que había una fuente, y allí descansaron. Por la noche Congren Bandi soñó con un lama que rezaba una letanía y en su sueño vio la hierba de la inmortalidad que buscaba. Al día siguiente vio un faisán plateado posado sobre el árbol bajo el que descansaban, y se juró a sí mismo: "Si disparo a este faisán y le acierto, es que encontraré la medicina de la inmortalidad, pero si no le acierto no la encontraré." Disparó y le acertó exclamando muy contento: "Seguro que encontraré la medicina de la inmortalidad." Poco después, cuando llegaron al altiplano, un ciervo moteado con cuernos blancos saltó ante él. Congren Bandi hizo un nuevo juramento: "Si acierto a este ciervo es que encontraré la medicina de

---

[85] Traducida de la versión publicada en Selección de las escrituras Dongba de He Zhiwu.

la inmortalidad, pero si no le acierto, es que fracasaré." Disparó y acertó, gritando contento: "Seguro que voy a encontrar la medicina de la inmortalidad." Cuando se acercó alegre a descuartizar al ciervo descubrió que en su pecho vivía un pequeño espíritu del tamaño de un dedo pulgar.

Sorprendido Congren Bandi dudó antes de seguir moviendo su cuchillo, temiendo matarle. Antes de que pudiera reaccionar el espíritu habló pidiéndole que no le matara, sino que le colocara bajo algún gran árbol. Así que le sacó con cuidado del pecho del ciervo y le colocó sobre una piedra situada bajo un árbol. El genio, agradecido, le dijo: "A partir de hoy mi espíritu hará todo lo posible por ayudarte. Espero que alcances tu destino tras un venturoso viaje."

Congren Bandi siguió su viaje. Pronto llegó a una montaña que vigilaban tigres y leopardos. Se acercaban a la frontera del país occidental del jefe Leqi Nenpu cuando se encontraron con un muchacho que bajaba veloz de la montaña. Al verles, les preguntó: "Congren Bandi ¿dónde vas con tus hermanos?" A lo que Congren Bandi respondió contándole como habían salido de caza durante tres días, encontrando al volver que sus padres habían muerto y, no resignándose ante la inevitabilidad de la muerte, se habían puesto en camino para buscar la medicina de la inmortalidad.

El muchacho veloz les dijo entonces: "En las tierras del jefe Leqi Nenpu donde os dirigís, la fuente de las medicinas es verde, pero la fuente del veneno también es verde; la medicina tiene flores doradas, pero también son doradas las flores venenosas. No podrás distinguir la fuente de las medicinas de la fuente del veneno, ni conseguirás diferenciar las flores de la medicina de las flores venenosas." Congren Bandi pidió entonces al muchacho que les acompañara para poder distinguir la medicina de la inmortalidad. Pero éste, un siervo escapado de la casa de Leqi Nenpu le contestó: "El camino que se ha andado no se puede deshacer para volver a andarlo, la montaña que se ha escalado no se puede bajar para escalarla de nuevo." Aconsejándole que pasara tres días dónde crecen las medicinas y tres noches donde lo hace el veneno, y de esa forma podría distinguir claramente las hierbas medicinales de las venenosas.

Siguiendo sus instrucciones Congren Bandi y sus dos hermanos se dirigieron al lugar donde crecen las hierbas medicinales, comprobando que efectivamente las hierbas medicinales no se podían diferenciar de las venenosas, así que siguiendo las instrucciones del muchacho decidieron pasar unos días en esa montaña. Pasaron el primer día observando continuamente las medicinas con los ojos abiertos como platos. Al segundo día vieron a un ciervo moteado de cuernos blancos mordisquear las hierbas venenosas, cayendo enseguida al suelo por donde empezó a rodar como si fuera a morir de un momento a otro; hasta que rodó a otra pradera, donde mordió unas hierbas amarillas y de repente se levantó como revivido, alejándose saltando hacia el bosque. Al tercer día llegó un cerdo negro, bebió de la fuente venenosa e igualmente se desmayó rodando en el suelo de un lado para otro como si fuera a morir. Rodó hasta llegar a otra fuente, donde tras beber un trago del agua medicinal súbitamente se recuperó levantándose y corriendo hasta perderse en el bosque. Al cuarto día vieron llegar un gran buey negro que se puso a frotarse sus cuernos con las rocas de una cueva, de tal forma que uno de sus cuernos cayó. Congren Bandi y sus hermanos, rápidamente tomaron el cuerno, donde escondieron la medicina de la inmortalidad, saliendo a escondidas de ese lugar.

A toda prisa regresaban a su casa. Al llegar al árbol donde habían dejado al geniecillo, éste les dijo: "Habéis hecho una buena obra y no voy a olvidar vuestra bondad. Rápido plantad cientos de estacas como para sujetar los caballos, cortad cientos de cuernos de yak, haced cientos de hogueras con sus boñigas y disparad cientos de flechas a la cueva hasta dividirla en dos. Y enseguida marchaos." Los hermanos hicieron cómo el genio les indicó continuando su camino.

Cuando Leqi Nenpu, el jefe de las regiones occidentales, descubrió el robo de su medicina de la inmortalidad, temblando de ira se montó en un cerdo negro y salió a perseguirlos. No tardó en llegar al árbol bajo el que vivía el geniecillo, que al verle le preguntó: "Poderoso Leqi Nenpu ¿dónde vas con tanta prisa?" Leqi Nenpu le explicó enfadado que había salido persiguiendo a los malvados que habían robado su medicina de la inmortalidad, preguntándole si los había visto pasar. El geniecillo le contestó que sí, que era un grupo muy numeroso que el día anterior pasó por allí. Que plantaron cientos de estacas para atar a sus caballos, que cortaron cientos de cuernos de yak y quemaron cientos de boñigas para calentarse. Que eran tan numerosos y dispararon tantas flechas a la cueva que la dividieron en dos. Por lo que asegurándole que no podría enfrentarse a ellos, le recomendó que abandonara su persecución.

Así que el jefe Leqi Nenpu, viendo que no podría alcanzarlos, se quedó un rato allí como atontado, luego proclamó una maldición y volvió a sus tierras. Congren Bandi y sus hermanos seguían camino de su casa a toda velocidad. A causa de la maldición tropezaron con unas ramas de azalea, cayéndoseles la medicina de la inmortalidad que llevaban en el cuerno de yak.

La medicina se esparció por nueve montañas y nueve ríos. Una gota cayó al cielo, que se hizo alto y ancho, otra a la tierra, cuya superficie se hizo vasta y extensa. Otra cayó al sol, proporcionándole sus rojos rayos, y otra más a la luna, dándole sus rayos blancos. Otra gota fue a la montaña Junaruolou, una alta montaña que no envejece. Otra al árbol Heyibada, que nunca se puede caer; otra a la gran roca Zengzenghaitanlu, que no se puede romper; y otra más al mar Milidaji, que no se puede secar.

Otra gota cayó al ciruelo, que en ocho meses florece dos veces, otra más a una piedra de la que sale la chispa que da fuego, otra a la serpiente, por lo que aunque la cortes en dos trozos se pueden volver a unir; otra en la hierba verde, que aunque se corte por la noche crece por la mañana.

Cuando Congren Bandi y sus hermanos regresaron a casa empezaron a preparar el funeral de sus padres. Invitaron a los jefes y a los ancianos, a los Dongbas que leen las escrituras, y sacando del fondo del cuerno de yak las últimas gotas que no se habían derramado, se las ofrecieron al espíritu de sus padres, que a partir de entonces pudieron ver con sus ojos, oír con sus oídos, hablar con su boca, coger cosas con sus manos y andar con sus pies.

Tras ofrecerles unas gotas de la medicina de la inmortalidad, los muertos no revivieron pero al llegar a las tierras de los ancestros, se curaron las enfermedades, se pudo comer la comida que les ofrecían en sacrificio, vestir la ropa y montar los caballos.

Como la medicina de la inmortalidad se esparció por ríos y lagos, valles y montañas, impregnando con su poder inmortal, en distinto grado, a multitud de plantas y animales en la naturaleza, hasta hoy en día los hombres recogen en esas plantas las briznas de su poder maravilloso para curar las enfermedades.

El héroe tigre de los Naxi[86]

Hace mucho tiempo vivía en la zona de Baoshan un hombre llamado Gaoqu Gaobo, que tenía un cuerpo fuerte, una viva inteligencia y ciertos poderes mágicos. Siempre estaba dispuesto a ayudar a la gente. Un día salió de viaje con un grupo de aldeanos. Pasado un tiempo se quedaron sin provisiones. Ante el riesgo de que todos se murieran de hambre, Gaoqu Gaobo decidió internarse en el bosque a buscar algo de comida, antes instruyó a sus compañeros de viaje para que si veían salir algún animal del bosque le llamaran por su nombre.

Entonces se internó solo en la espesura del bosque. Pasado un rato, cuando ya se hubo alejado un poco de la gente, de repente empezó a temblar y se convirtió en un tigre. Entonces dio un gran rugido y se puso a buscar una presa. No tardó en encontrar a un ciervo y lanzándose sobre él le dio muerte en un momento. Entonces, llevándole en su boca, se dispuso a salir del bosque hasta el lugar donde esperaban sus compañeros de viaje. Pero éstos, al escuchar el tremendo rugido del tigre se habían asustado abandonando el campamento. Sólo se había quedado un muchacho.

Éste, al ver a un tigre que salía con un ciervo en la boca recordó las instrucciones de Gaoqu Gaobo y gritó su nombre. En ese momento se transformó de nuevo en persona. "Gracias. Si no hubieras gritado mi nombre no habría podido transformarme en persona de nuevo." Le dijo Gaoqu Gaobo. Los demás viajeros también volvieron y juntos se comieron el ciervo.

La noticia de este hecho extraordinario llegó pronto a los oídos del Rey Mu[87]. Éste hizo llamar a Gaoqu Gaobo para ver si era

---

[86] Versión aparecida en la revista Camelia. 1982-3.

cierto lo que contaban. Así que el héroe salió de su casa, montó a su caballo y se dirigió a Lijiang. Cuando Gaoqu Gaobo llegó ante el rey, se presentó sin hacerle ninguna reverencia especial: "Soy Gaoqu Gaobo de Baoshan, he venido porque me has mandado llamar." El rey le miró curioso y al ver sus ropas sencillas y una piel de cabra[88] sobre sus hombros, le miró con desprecio.

Gaoqu Gaobo enfadado lanzó un conjuro y la mujer e hijos del rey, que en ese momento estaban comiendo, se quedaron inmóviles, cayendo sus cuencos y palillos al suelo. El rey se dio cuenta entonces de que Gaoqu Gaobo era realmente una persona con poderes especiales. Así que cuando el héroe se puso en camino para regresar a su casa, pensando que mientras existiera una persona con esas capacidades podría ser un peligro para su poder, envió a dos de sus guardias detrás de él con instrucciones de matarle.

Cuando Gaoqu Gaobo pasó por un puente de piedra, los esbirros, aprovechando que no estaba preparado, le atacaron por detrás cortándole la cabeza y huyeron. Gaoqu Gaobo inclinó su cuerpo y bajó del caballo. Con sus manos tomó la cabeza que había rodado por el suelo y se la colocó ante el pecho. Entonces siguió su camino esperando un buen momento para colocar la cabeza sobre el cuello en su sitio. Desafortunadamente antes de tener oportunidad de cumplir su objetivo, su caballo tropezó con unas ramas, haciéndole caer al suelo. Esta vez la cabeza quedó bastante lejos del cuerpo y no pudo alcanzarla. De esta forma le llegó la muerte a Gaoqu Gaobo.

Cuando la gente tuvo noticias de su muerte no paraba de llorar. Tristemente hicieron un funeral incinerando su cuerpo. Poco después construyeron un templo en su honor y empezó a ser considerado como un dios que puede acabar con las dificultades.

---

[87] Los reyes de la familia Mu dirigieron los destinos de Lijiang desde el siglo XIV al XVIII.
[88] Parte del traje tradicional de los Naxi, aunque actualmente sólo lo llevan las mujeres.

El cuco anuncia la primavera[89]

Antiguamente los Naxi no sabían cultivar. Dependían de recoger hierbas y frutos silvestres para sobrevivir, así como de capturar y cazar algunos animales y pájaros. Por eso, al llegar el invierno, cuando las hierbas y frutos desaparecían y los animales y pájaros se iban, pasaban hambre, pues no tenían nada que comer. El dios del cielo Milidong Apu al ver esta situación decidió ayudar a los hombres enseñándoles el momento en qué debían plantar, para que empezara la agricultura. Pero este dios vivía en el cielo y las personas en la tierra. Por lo que debería de buscar un mensajero que llevara a los seres humanos sus instrucciones.

Tras la casa del dios Apu vivían dos hermanas Cuco, que al conocer sus planes decidieron bajar al mundo de los humanos y llevar a la gente el anuncio de la primavera. Así que abandonaron el cielo, cruzaron ríos y montañas, y llegaron por fin donde vivían los hombres.

En aquella época los Naxi vivían en cuevas. Las hermanas Cuco gritaron desde el cielo: "La primavera ha llevado, la primavera ha llegado. A sembrar, a sembrar." Al escuchar estas palabras la gente salió de sus cuevas en tropel, pero para su sorpresa solo encontraron a dos bellos pájaros revoloteando sobre ellos. Entonces unos dijeron: "Hay ahí dos pájaros que están volando. Hemos estado punto de morir de hambre y estos pájaros aun vienen a parlotear: ¡Qué pesados!" Otro propuso: "Dispárales una flecha y nos los comemos."

Las hermanas Cuco no podían siquiera sospechar que su buen corazón les traería la desgracia. Por el contrario, al ver a esos hombres de largos pelos, vestidos con pieles de animales salir de sus

---

[89] Versión de la revista Camelia 1984-3.

cuevas, se dijeron: "¡Qué bien! ¡Qué ayuda para la gente! Gracias a nuestro canto la gente plantará ahora y cuando las espigas estén doradas las recogerán acabando con ese hambre de los inviernos."

No bien había acabado de hablar se escuchó el silbido de una flecha que alcanzó a la hermana mayor, cayendo muerta sin poder decir ni pío. Su hermana pequeña al verla caer se sintió asustada. Nerviosa se metió en el bosque sin comprender cómo la gente en vez de agradecerlas sus buenas acciones respondía de forma tan horrible.

Cuando estaba llorando llegó un pollo a preguntarle por qué lloraba. Ella le contó lo que había sucedido y el pollo no sólo no le consoló sino que se burló de ella: "La verdad es que sois demasiado tontas, en vez de disfrutar de la vida en el paraíso venís a buscar la muerte a este mundo malvado." Pero sus palabras no mermaron el ánimo de la hermana Cuco que sólo se preguntaba por qué la gente había matado a su hermana. "¿Tal vez aún no estaban acostumbrados a su voz? ¿O es el habernos arreglado muy elegantes lo que molestaba a la gente?" En ese momento habló el pollo ahuecando sus alas: "Hermana que no entiendes de estos negocios funestos, mejor sube al cielo, o hazte mi compañera. Vivo en mitad del bosque, escucho la canción del agua fluyendo y a los pequeños insectos entre la hierba. ¿Para qué preocuparme de más?"

La hermana Cuco deseaba dar una lección a ese ser egoísta, pero en vez de eso le propuso que cambiaran sus vestidos. El pollo se puso muy contento y agradeciendo a la hermana Cuco su generosidad se preparó para el cambio de trajes.

Con las ropas grises del pollo la hermana Cuco subió al cielo y mientras volaba empezó a cantar: "La primavera ha llegado, la primavera ha llegado. A sembrar, a sembrar." Poco después los días se hicieron más calurosos, las hierbas reverdecieron, las flores se abrieron y la gente comprendió al fin que la hermana Cuco les estaba señalando que había llegado la temporada de plantar. Al año siguiente hizo lo mismo recogiendo una buena cosecha en otoño.

Para agradecer a la hermana Cuco su contribución a mejorar la vida de la gente y castigar a los hombres por haber matado a su hermana, se decretó que los Naxi no matarían nunca más a un cuco. En cuando al pollo, que con la bella ropa del cuco andaba pavoneándose de un lado a otro, se decidió convertirle en el animal favorito para hacer sacrificios a los dioses y espíritus.

Tigre, leopardo, gato[90]

El tigre, el leopardo y el gato son tres hermanos. Un día discutían cómo repartirse la comida. El mayor, el tigre, dijo: "Hoy vamos a enviar al tercer hermano, al pequeño gato a buscar algo de comer ¿os parece bien?" Como los otros dos estuvieron de acuerdo, el gato salió a buscar comida. Buscó y buscó. Buscó por tres montañas y tres ríos. Buscó durante medio día y sólo encontró un pequeño ratoncito. Al regresar dijo al leopardo y al tigre:

"Hermanos. He estado buscando comida durante medio día, y apenas he encontrado un pequeño ratoncito, que sin ser suficiente para que comamos los tres, es justo lo que correspondería a una comida mía. Al hermano leopardo, que está en el medio, es a quien deberíamos enviar a buscar algo de comer. ¿Os parece bien?"

Sus hermanos estuvieron de acuerdo, por lo que el leopardo salió a buscar comida. Buscó por tres montes y tres ríos. Buscó durante medio día, volviendo sólo con un negro perro peludo. Dijo al tigre y al gato: "Hermanos. He estado buscando comida durante medio día, y apenas he encontrado un perro negro. Eso no es bastante para que nosotros tres comamos, pero es justo lo suficiente para hacer una de mis comidas. Al hermano tigre que es el mayor, es a quien deberíamos enviar a buscar comida. ¿Os parece bien?

Tanto el gato como el tigre estuvieron de acuerdo. El tigre salió entonces a buscar comida. Buscó por tres montes y tres ríos. Buscó durante medio día volviendo con una gran vaca. Los tres hermanos comieron. Comieron durante tres días y tres noches sin conseguir acabar de comerse ni siquiera una pata de la vaca.

---

[90] Versión traducida de la Gran Serie de Cuentos de los Pueblos de China.

Desde entonces el gato sólo puede atrapar ratones, el leopardo como mucho puede coger un perro, pero el tigre se convirtió en el rey de los animales.

El origen de las casamenteras *milapu*[91]

Hace mucho tiempo hubo un padre y un hijo que vivían en una aldea en la montaña. Eran tan pobres que el hijo no se pudo casar a la edad adecuada. Un día llegó un tigre y les preguntó: "¿De qué vivís vosotros?".

"Nos ganamos la vida trabajando en las tierras del señor." Contestó el padre.

El tigre continuó: "¿Qué tipo de trabajos hacéis para él?".

"De todo." Le dijo el padre. "Cortar leña, llevar agua. Las tres hijas del señor llevan sedas y damascos mas nosotros solo vestimos esta tela basta y comemos el alimento de los perros y los cerdos."

El tigre le preguntó entonces: "¿Te gustaría que encontrara una mujer para tu hijo?"

Al escucharle el padre le dijo: "Somos tan pobres que ninguna muchacha querrá casarse en nuestra familia."

Varios días después el tigre capturó a la hija mayor del terrateniente, que llevó en secreto a su casa diciéndola: "Tu familia es demasiado rica y ésta demasiado pobre. Mejor que te quedes aquí y seas una buena esposa, de lo contrario, te devoraré."

La muchacha estaba tan asustada que tuvo que quedarse a vivir con ellos. Pidió al marido que le consiguiera una máquina para coser y sobre ella trabajaba todos los días. El marido vendía en el mercado las sedas y damascos que ella tejía, y la familia disfrutaba cada vez de una mejor posición. Un día, cuando sus bordados fueron vendidos a la familia del terrateniente, éste preguntó al marido: "¿Son robados estos artículos?" El pobre marido respondió: "No. Mi mujer los tejió." Sus otras dos hijas examinaron las telas y descubrieron que eran idénticas a las que tejía su hermana. Cuando el señor le preguntó

---

[91] Traducida de Bai Gengsheng, Na-khi Tiger Myth. 2001: 255.

cómo había conseguido una mujer siendo tan pobre, se vio forzado a confesar la verdad. El terrateniente se quedó perplejo al descubrir que ese siervo ahora era su hijo político, pero no tuvo más remedio que reconocer su matrimonio. Como fue el tigre el que hizo que marido y mujer estuvieran juntos, la gente llama a las casamenteras *milabu*.

El zorro y el cazador[92]

Había una vez un zorro corriendo por el bosque que de repente cayó en la trampa que había puesto un cazador. Una vez dentro, sin poder salir, utilizó esos poderes mágicos que tienen los zorros y otros animales, para transformarse en una persona. De esta forma, cuando escuchó que el cazador llegaba se puso a gritar: "Socorro, por favor sáquenme de aquí."

El cazador, sorprendido de encontrar a una persona atrapada en su trampa, le ayudó a salir y le llevó a su casa donde le dio de cenar.

Estaban charlando distendidos después de cenar cuando el zorro transformado en hombre aconsejó al cazador: "Cuando captures un zorro basta que le quites la piel, no hace falta que le rajes la tripa." pensando que de esa forma se evitaría peligros en el futuro. El cazador asintió.

Poco después se terminó ese encanto y el zorro volvió a retomar su forma original, con tan mala fortuna que volvió a caer en otra trampa de ese cazador. Cuando éste llegó tomó al zorro y recordando la conversación de la noche anterior le quitó la piel. Entonces pensó "¿y por que no voy a rajarle la tripa?"

No viendo ninguna razón para no hacerlo rajó al zorro, descubriendo para su sorpresa la misma comida que su extraño invitado había cenado la noche anterior.

---

[92] Revista Camelia 1984-3.

Cuentos del ingenioso Aydan[93]

La fama del señor Mu

Toda la gente de Lijiang sabe que hay un tipo llamado Aydan, que a pesar de ser pobre se atreve a enfrentarse al señor de palacio. Todo el mundo ha escuchado esos cuentos en los que Aydan vence al señor Mu gracias a su ingenio, por lo que es admirado y respetado, y aunque el señor Mu y la gente de palacio le odian, no tienen forma de vencerle. Lo que no es tan conocido es cómo empezó esa enemistad entre el señor Mu y Aydan. Aquí está la historia.

Cuando Aydan llegó de su aldea a la ciudad de Lijiang para trabajar en el palacio de los Mu[94], el señor Mu ya había oído hablar de su fama, habiéndosele relatado algunos de los episodios en los que el ingenio de Aydan había salido a relucir. Por lo que pensó que la mejor forma de evitar que Aydan acabara por burlarse de él sería aprovechar el mismo momento de su llegada para bajarle inmediatamente los humos y enseñarle quien era el jefe. Así que la primera vez que se lo presentaron enseguida le dijo:

"Aydan, he oído que eres muy inteligente, pero ¿tienes la capacidad de hacer que todos los habitantes de Lijiang te saluden?

Aydan le contestó parpadeando: "Bueno. A mí también me gustaría saber quién de nosotros es más famoso."

"Pero no vale el que otra persona te lo presente." Continuó el señor Mu enseguida. Pues pensaba "soy el magistrado de la ciudad,

---

[93] Traducidos de la compilación de historias de Aydan de Zhao Jingxiu y Sha Li.
[94] Como ya se ha comentado los reyes Mu gobernaron Lijiang desde el siglo XIV hasta el año 1723, cuando Lijiang pasó a estar gobernada mediante el sistema regular de la administración imperial. Aún desposeídos del poder político, la familia de los Mu siguió siendo la más poderosa de Lijiang. Como en estos cuentos se les trata de señor, indica que surgieron entre el siglo XVIII y el siglo XX.

me llaman el gobernador *tusi*[95], el gran rey celestial, tengo un traje y un gorro oficiales. ¿Quién puede haber en Lijiang que no me conozca? ¿Quién no conoce al señor Mu? Mientras que Aydan acaba de llegar del campo. ¿Quién va a conocer a este paleto?" Así que le dijo muy orgulloso:

"Aydan. Vamos a hacer una prueba a ver quién es más famoso. Para ello saldremos de la puerta de palacio e iremos dando una vuelta hasta llegar a la Plaza del Cuadrado, y luego seguiremos hasta la Torre Eterna[96]. El que encuentre a menos gente conocida, deberá invitar al otro en la Torre Eterna a un banquete. Y además, en caso de que pierdas, tu sueldo de este año se verá reducido a la mitad, aunque tendrás que trabajar lo mismo."

Aydan le contestó: "Esta bien señor, pero nadie puede retractarse de este acuerdo. Y además primero voy un momento al retrete si le parece bien."

"Está bien, está bien. Rápido." Le dijo el señor Mu ansioso ya por conseguir su victoria. Y en cuanto vio salir la cabeza de Aydan del retrete le dijo en voz alta: "Ahora empezamos."

Apenas había dicho esto el señor Mu salió del palacio deprisa y corriendo, dejando a Aydan que le siguiera apresurado. En cuanto llegó a la primera calle, hubo gente que al verle se daba la vuelta y salía corriendo y otros que se alejaban respetuosos. El señor Mu pensaba que era muy extraño, y no pudo sino girar la cabeza para mirar a Aydan. Entonces se quedó estupefacto, pues toda la gente de la calle le estaba mirando, e incluso peleándose por ser el primero en saludarle en voz alta:

"Luoyu[97] Aydan."

"Aydan Luoyu."

Y Aydan no prestaba ninguna atención al señor Mu, sino que no paraba de saludar a la gente con la mano.

De hecho, cuando Aydan había entrado al retrete había escrito en una hoja de papel: "Luoyu Aydan", y al salir del palacio de

---

95 Gobernante local en la zona de las minorías durante la época imperial.
96 También llamada Torre Wangu, sobre la Colina del León, domina toda la ciudad antigua de Lijiang.
97 Laoyu es una forma de llamar a las personas muy íntimas entre los Naxi.

los Mu se lo había colgado a la espalda, por lo que la gente de la calle al verlo, pensaban que era muy curioso y todos lo leían, dando la impresión de que le estaban saludando. Así que el señor Mu, que habitualmente tenía un aire tan elevado se sintió ofendido, de tal forma que la gente al verle con esa cara de malas pulgas, se alejaba de su camino sin atreverse a saludarle.

En ese momento Aydan se quitó a escondidas su letrero y se lo guardó en la manga, gritando en voz alta: "Señor Mu. Hasta ahora yo he ganado, pero yo he andado detrás, tal vez prefiera ir usted detrás y dejarme a mí ir delante." El señor Mu no se sentía muy convencido, pero dado que quería saber cómo era que toda la gente que iba por la calle saludaba a Aydan, se mostró de acuerdo.

En cuanto Aydan se puso delante sacó disimuladamente el cartel de nuevo y se lo colocó sobre su pecho. Justo cuando se lo hubo colocado, un grupo de gente venía frente a él. Todos le miraron al pecho y dijeron en voz alta: "Luoyu Aydan", sucediendo algo parecido cada vez que se cruzaba con alguien.

El nombre de Aydan ya era bastante popular entre los Naxi, pero en ese momento al ver que tenían al personaje de forma tan extraña ante sus propios ojos, toda la gente le rodeó en un momento, saludándole en voz alta: "Luoyu Aydan."

La plaza del Cuadrado estaba llena de gente, todos interesados en conocer a Aydan, sin que nadie se preocupara ya de si el señor Mu estaba por allí o no. El señor Mu no había pensado de ninguna forma que Aydan pudiera conocer a tanta gente, todas las calles estaban ya bloqueadas. Así que Aydan recogió su cartel, con cierta dificultad atravesó la multitud que le rodeaba y dirigiéndose al señor Mu le dijo:

"Señor, es la palabra de un caballero. Lo que se ha dicho no se puede desdecir. Ya estamos a la espera de que saque su dinero para irnos a celebrarlo a la Torre Eterna."

Vendiendo carne de cerdo loco

Entre los Naxi hay un proverbio que dice que en diciembre la gente se vuelve loca. Lo que refleja que cada año, cuando llega este mes y está próximo el Año Nuevo, entre matar a los cerdos del Año Nuevo, salar las cabezas de cerdo, los jamones y los lomos[98] y preparar otros artículos necesarios para las fiestas, cada familia está tan ocupada que anda como loca de un sitio para otro. En las casas de los ricos la carne llena las vigas de sus almacenes, en las de los pobres a veces no hay ninguna carne que colgar a curar.

Los servidores de la casa de los Mu habían pasado un año lleno de dificultades, aparte de las tres comidas necesarias para saciar su hambre, poco más habían obtenido. Mientras que en la casa del señor Mu se mataron decenas de cerdos bien cebados, que colgados llenaban una estancia con su aroma, e incluso había dejado tres cerdos bien gordos, especialmente cuidados y engordados como animales para sacrificio, uno de ellos negro con la cabeza y las patas blancas, para ser ofrecidos a los antepasados durante el Sacrificio al Cielo.

Tras sufrir un año entero, los servidores, viendo que no les había quedado ni un trozo de carne, miraban a esos tres cerdos para el Sacrificio al Cielo con glotonería. Así que decidieron pedir al ingenioso Aydan que pensara alguna estratagema para conseguir esos tres cerdos bien cebados.

Cuando le contaron sus planes al oído, Aydan frunció el ceño y luego les contestó en voz baja. Entonces empezaron a reírse mientras decían: "¡Maravilloso! ¡Fantástico!"

---

[98] La charcutería Naxi presenta ciertas semejanzas con la española, y hasta morcillas de semejante sabor se encuentran entre ellos.

Aydan se fue entonces a comprar un buen paquete de pimienta, que molió muy fina, y la mezcló con arroz haciendo unas bolas con las que alimentó a los tres cerdos. Pasado un rato la medicina empezó a surtir efecto, pues los cerdos daban saltos como locos intentando escalar las paredes de su pocilga.

Aydan entró corriendo a la casa de los señores gritando: "¡Señor, señor! ¡Algo malo sucede! ¡Algo malo!"

"¿Qué hay de malo?"

"¡Los cerdos! ¡Los cerdos!" Dijo Aydan con voz entrecortada. "¡Se han vuelto locos! ¡Los tres cerdos se han vuelto locos!"

"¿Qué?" Dijo el señor Mu incrédulo. "En este mundo se ha oído hablar de perros locos. Pero ¿cuándo se ha escuchado que un cerdo se vuelva loco?"

Aydan le contestó nervioso: "Son cerdos locos. ¡De verdad Señor! Venga a verlo con sus propios ojos."

Cuando el señor se acercó a la pocilga para mirar, vio que de las bocas de los tres cerdos salía una baba blanca, y sus ojos estaban inyectados en sangre. Parecía como si quisieran empujarse para colocarse con la cabeza para abajo y las patas para arriba. El señor Mu, que no era de por sí muy valiente, nunca había visto una cosa tan tremenda, por lo que asustado se fue corriendo, gritando mientras se alejaba: "Rápido, rápido. Mata a esos tres cerdos."

"Pero la carne de cerdo loco no se puede comer." Le contestó Aydan. "Señor, esa carne de cerdo loco no se puede comer. Si una persona la come se puede volver loca."

El señor Mu, como haciendo acopio de todo su coraje pensó que esos cerdos ya no se podrían utilizar para el Sacrificio al Cielo[99], y si se les mataba tampoco se les podría comer. Pero por otra parte, sin resignarse a perderlos, aún pensaba que se podrían vender por unas cuantas monedas de plata. Así que movido ya por el deseo de esa ganancia, moviendo sus manos con un gesto feroz decidió que lo mejor sería que se mataran y venderlos para conseguir al menos un poco de dinero. Una vez tomada su decisión ordenó a Aydan:

---

[99] Los animales utilizados en los sacrificios debían ser considerados puros, lo que incluía unas reglas determinadas sobre los colores aceptables, y desechaba completamente cerdos en ese estado.

"Aydan, mata a estos cerdos y sal a la calle a venderlos."

Aydan y otros sirvientes mataron a los cerdos, los descuartizaron en trozos de distintos tamaños, y cargando con ellos salieron a la calle a vender la carne. Tal y como habían acordado empezaron a gritar: "Venga a comprar carne de cerdo loco. Carne de cerdo loco."

Cuando la gente escuchaba que vendían carne de cerdo loco, nadie quería comprar. Así que recorrieron la calle de un extremo a otro ofreciendo su carne sin conseguir vender absolutamente nada, volviendo a la casa al hacerse de noche tal y como habían salido.

El señor Mu al ver que toda la carne de los cerdos locos volvía a la casa, frunció el ceño, arqueó las cejas, pues a su mente volvía la feroz imagen de los ojos inyectados en sangre de los tres cerdos, y, todavía con carne de gallina, movió la mano ordenando: "¡Enterrad todo eso!"

Todo el mundo puede imaginar a dónde fue a parar la carne de esos cerdos locos.

Compénsame con un oso

Hubo un año en que sucedió un acontecimiento muy desagradable, pues el señor Mu ordenó a sus sirvientes que recogieran el trigo y luego le trillaran. Cuando ya lo habían trillado hasta no dejar ni un grano llegó el señor y les ordenó que lo volvieran a trillar. Los trabajadores se sintieron furiosos, pues todo el suelo estaba lleno de pajas de trigo y ellos sólo deseaban tumbarse a descansar un poco.

Aydan, sin poder contener sus palabras, protestó: "¿Qué quiere que trillemos? ¡Entre las pajas no queda ni un grano de trigo!"

Al escucharle el señor saltó enseguida: "¿Cómo te atreves a soltar palabras tan poco auspiciosas en el momento de la cosecha? Tendrás que compensarme con trigo, al menos con dos cargas de trigo."

"Muy bien. Venga mañana a mi casa a por ellas." Le contestó Aydan sin inmutarse.

El señor Mu se sintió muy contento, pues en el pasado siempre había sido burlado por Aydan y presentía que al día siguiente le haría pagar esas burlas. Así que se fue a casa satisfecho. A la mañana siguiente montó a su caballo y pidiendo a algunos de sus hombres que le acompañaran, para que si Aydan se negaba a entregarle su trigo le propinaran una buena tunda, se puso en camino.

Al llegar a la casa de Aydan, le encontraron en la puerta, sentado con una vieja escopeta en sus manos, vigilando una red que había colgado. Al ver llegar a la comitiva Aydan les dijo: "Pasad un poco más lejos, no entréis por aquí. Estoy cazando conejos y cabras monteses."

El señor Mu y sus hombres no pudieron contener sus risas. "¿Estas cazando jabalíes?" le pregunto con sorna.

"Así es."

"¿Y lobos?"

"También."

"¿Y también estarás cazando osos?"

"Efectivamente."

"Lo que veo es que estas a ver si cazas alguno de los pollos o los cerdos de tu vecino." Dijo el señor Mu riéndose. "Pues te veo a la puerta de tu casa extendiendo una red medio rota. ¿Cómo vas a cazar conejos o cabras? ¿Lobos u osos? Tu lo que eres..."

Entonces Aydan saltó enfurecido: "¿Cómo se atreve a soltar esas palabras tan poco auspiciosas en el momento de la caza? Me tendrá que indemnizar con algunas piezas. Por lo menos me deberá compensar con un conejo, una cabra montesa, un lobo y un oso. Sí, esa será la compensación."

Nervioso el señor Mu le dijo: "Olvídalo, olvídalo. No quiero tu trigo." Y se dispuso a volver a su casa. Pero Aydan le agarró insistiendo en que quería ser compensado, de tal forma que sólo cuando sus esbirros tiraron de él sujetando a la vez a Aydan fue capaz de liberarse y montar a su caballo. Aún tuvo que escuchar los gritos de Aydan: "Bueno, vale. Como quiera."

¿De quién es este ternero?

La casa del honesto Asi estaba justo pegada al gran patio del palacio de los señores Mu. La casa de los Mu era la más rica de Lijiang, mientras que la de Asi estaba entre las pobres, pero mientras que éste último sólo se preocupaba de ganarse la vida honradamente, el señor Mu siempre estaba pensando en la forma de exprimir un poco más a esta pobre gente hasta dejarles sin una gota de fuerza.

Un día el señor Mu escuchó que en la casa de Asi la cerda había parido una camada de cerditos, por lo que se fue a visitarle con la idea de apoderarse de los mismos. Apenas llegó a la casa de Asi preguntó: ¿La cerda de vuestra casa ha parido una camada, verdad?"

"Así es, señor." Le contestó Asi.

"Muy bien, pues llevaros a todos los cerditos." Ordenó a los sirvientes que le acompañaban.

Al escucharle Asi se levantó asustado: "¿Por qué os los lleváis? Estos son mis cerditos."

"Piénsalo bien." Le dijo el señor Mu. "En tu casa sólo hay una cerda que ha parido estas crías. Si no fuera por mi cerdo ¿cómo habría podido parirlos ella sola? Esos cerditos naturalmente que deben volver a la casa de los Mu." Y en cuanto acabó de hablar hizo una seña a sus sirvientes para que tomaran los cerditos y se volvió a su palacio.

Aydan observó toda esta escena y no pudo evitar sentirse mal por la injusticia cometida. "Con lo rico que es el señor Mu ¿cómo puede tener un corazón tan codicioso para desear apoderarse de las míseras pertenencias del pobre Asi?" Pensó para sí.

Poco después hubo un día en que la vaca de los Mu parió un precioso ternero que tropezando se esforzaba por levantarse. De repente el señor Mu vio que dos de sus sirvientes llegaban corriendo.

Cuando estuvieron ante él le dijeron que habían visto a Aydan y a Asi llevándose el ternero recién parido a la casa de este último.

"Otra vez Aydan" exclamó el señor Mu. "Se atreve a robarme un ternero a plena luz del día. Enseguida le atraparé y ajustaremos cuentas." En cuanto acabó de hablar se dirigió como un loco a la casa del honesto Asi, encontrando en el patio a Aydan y Asi riendo contentos. En cuanto les vio el señor Mu les gritó furioso: "¡Ladrones! ¡Sois dos ladrones! Mira que atreveros a robarme un ternero a plena luz del día."

Tras esperar a que el señor Mu se desahogara con sus gritos e insultos, Aydan, viéndole ya más calmado le dijo confiado: "¿Quién es un ladrón? ¿Quién puede atreverse a robarte a ti?"

"Vosotros habéis robado mi ternero, y ahora os voy a atrapar." Dijo el señor Mu gritando.

"¿Pero el ternero no es de Asi?" Preguntó Aydan con sorna.

"Este es mi ternero. ¿Cómo que es de Asi?"

"Señor. ¿No le explicó hace unos días al propio Asi con palabras bien claras, que cuando su cerda parió cerditos no podría haberlos parido sin el cerdo de su casa? Los cerditos naturalmente que fueron para usted... ¿No es este el mismo caso? ¿Cómo podría haber parido este ternero su vaca si no hubiera sido por el toro de Asi? ¿Este ternero no le pertenece entonces a él?"

"¡Qué tontería...!" Comenzó diciendo el señor Mu, pero luego, al darse cuenta de que no tenía escapatoria, optó por aparentar una salida digna, así que mientras se dirigía a la puerta, continuó despidiéndose: "Lo que dices es muy razonable. Cada vez tienes más experiencia y conocimientos." Volviendo a su palacio enfadado.

El señor Mu adelgaza

El señor Mu estaba bastante gordo y cada vez respiraba peor. Aunque llevaba un tiempo intentando perder peso la verdad es que seguía igual. Así pensando y pensando decidió que lo mejor sería ir a ver a Aydan a plantearle este problema. Entonces le llamó a su presencia y le dijo: "¿No eres tan listo? Pues bien ahora debes de pensar un remedio para que yo adelgace. Si adelgazo te daré un premio, pero si no lo consigues, te castigaré. ¿Está claro?"

Aydan hizo como si fuera un asunto muy complejo, y le contestó: "Señor. Si engorda o adelgaza ¿qué tiene que ver conmigo? ¿Cómo va a castigarme?"

"Aydan, pensaba que para ti nada es imposible. Al menos antes era así." Dijo el señor Mu intentando ridiculizar a Aydan.

"Lo que temo es que el señor adelgace, y luego engorde, y así..."

"A ti no te voy a culpar. Se trata de que adelgace y ya está." Le dijo el señor Mu cortándole sin esperar a que acabara de hablar.

Al día siguiente Aydan fue a buscar al señor Mu y le dijo: "Usted quiere adelgazar, ¿verdad? En su jardín hay una hierba mágica. Para que brote hay que esperar cientos de años y no sé cómo estará ahora. Pero si se excava esa hierba y se come el que quiere engordar puede engordar y el que desea adelgazar pues adelgaza."

"¿De verdad?"

"Pues claro que sí. Si no me cree vaya a excavar y mire."

Esa noche, el señor Mu esperó a que todos estuvieran dormidos para ir a su jardín a excavar, consiguiendo un buen número de hierbas, pero no sabiendo cual sería la hierba mágica coció todas las hierbas juntas y se las comió. Pero claro, seguía estando igual de gordo que antes.

De tal forma que este señor que solía comer carnes y pescados, pollos y patos, ahora tenía la tripa llena de hierbas, y de esa forma fue a buscar a Aydan para ajustar cuentas: "¡Aydan! ¡Aún te atreves a engañarme! He excavado por todo el patio y he probado todas las hierbas que había, entonces ¿Cómo es que no he encontrado la hierba mágica de la que hablas?"

"¿Usó tal vez una pala o una azada para excavar?" Le preguntó Aydan.

"Claro. Si no, ¿cómo voy a excavar?"

"Pero esas hierbas no pueden tocar el hierro. Si lo hacen se convierten en hierbas normales."

"Ya me estás liando de nuevo. No importa lo que digas, yo sigo igual de gordo. Tendré que castigarte."

"Si no me cree pues olvídelo, pero aún es pronto para castigarme, pues conozco otro método que le hará adelgazar."

"¿Qué método?" Preguntó el señor Mu de nuevo interesado.

"En la montaña crece un tipo de seta que puede hacer adelgazar a quien la coma."

"¿De verdad?" Le preguntó esperanzado. "Vete rápido a buscarla."

"Necesitaré emplear tres días enteros para llenar una cesta."

"Recoge un poco más, recoge un poco más."

Así que Aydan se fue a la montaña a recoger estas setas. Tres días después bajó de la montaña con una cesta llena de setas muy bonitas. El señor Mu enseguida ordenó a sus criados que las cocieran y luego llamó a sus esposas e hijos para comerlas. Pero luego, temiendo que Aydan le estuviera jugando una mala pasada y las setas fueran venenosas, hizo que las probara el perro. Sólo cuando vieron que al perro no le pasaba nada, el señor Mu y su familia se comieron las setas.

Apenas las probaron descubrieron que eran deliciosas, de tal forma que pronto estaban peleándose por comerlas. En cuanto hubieron acabado Aydan llegó corriendo y dijo: "Señor. Hay una mala noticia. El perro ha muerto."

Toda la familia se quedó lívida, agarrándose cada uno de la tripa mientras se lamentaba. Aydan pensaba que era muy divertido. El señor Mu ordenó entonces: "Criados, id a llamar al médico. ¡Llamad al médico!"

Pronto llegó el médico, y enseguida les preguntó: "¿Qué sucede?" Cuando supo que habían comido unas setas venenosas les recetó un laxante, y en poco tiempo todo el palacio del Mu estuvo lleno de vómitos y deposiciones. La noticia de la enfermedad del señor Mu se extendió por todo Lijiang y la gente se subió a los muros del palacio para ver qué miembros de su familia iban a morir y cuáles iban a vivir, descubriendo el palacio en semejante estado, lleno de agujeros y porquería, la casa de esta familia tan orgullosa convertida en una pocilga y sus miembros de un lado para otro vomitando.

En ese momento Aydan entró al palacio fingiéndose muy alarmado dijo: "¿Pero qué pasa?"

El señor Mu dijo en voz alta: "Tus setas han envenenado a mi perro, y todavía quieres envenenar a mi familia."

"¿Cómo?" Dijo Aydan. "¿Ese perro? ¿Pero no se lo ha comido un vagabundo hambriento?"

"¿Qué?" Exclamó al unísono toda la familia, mientras surgían estrellas doradas ante sus ojos. O sea que en realidad lo que habían comido no era venenoso.

Cuando Aydan se fue el señor Mu, su mujer y su familia se pusieron a celebrar no haber sufrido ningún envenenamiento. Mientras maldecían a Aydan por haberles hecho pasar ese mal trago.

De repente Aydan volvió a entrar al palacio del Mu gritando nervioso: "Señor. Qué mala noticia. El vagabundo ha muerto."

"¿Cómo ha muerto?" Le preguntaron todos de nuevo acongojados. Y como Aydan no respondiera, insistieron: "¿Es... ese que se ha comido al perro?"

"Sí. El mismo."

De nuevo empezó el alboroto en el palacio de los Mu. El propio señor Mu se desmayó, y los sirvientes fueron a buscar al médico de nuevo, que les recetó un nuevo laxante, y convirtió al patio de los Mu en un lugar cada vez más sucio.

En ese momento Aydan entró de nuevo al palacio, y al verlos a todos en ese estado, preguntó haciéndose el inocente: "¿Pero por qué este desorden? Sólo porque un vagabundo hambriento se ha atragantado con un hueso del perro."

"¿Qué?" Al escuchar sus palabras la mujer y los hijos del Mu se levantaron, y el propio señor Mu que acababa de despertarse de su desmayo volvió a desvanecerse de alegría.

Con todo esto el señor Mu pasó en la cama varios días y adelgazó 18 kilos. Cuando se recuperó Aydan fue a visitarle: "Mis setas no estaban mal ¿verdad? ¿El señor todavía quiere adelgazar algo más? ¿Y el premio cuando me lo va a dar?"

Proverbios de los Naxi

- El cuchillo está más afilado cuanto más lo usas.

- Si el guerrero toma el camino equivocado, se topa con la muerte.

- Al poner en práctica el conocimiento, descubrirás tu impotencia.

- Las flores bellas crecen en suelo fértil.

- Con sal y aceite hasta las hojas del árbol están sabrosas.

- El pájaro que no sabe hacer un nido, no tiene donde poner los huevos.

- La gente te ve andando, pero no sabe lo que comes.

- Si tus brazos son débiles, el hacha afilada es inútil.

- Si lo intentas tres veces, seguro que lo consigues.

- Construye un buen puente antes de que empiecen las inundaciones.

- Aunque el silo rebose de grano, cada vez sólo puedes coger un puñado.

- El agua fluye al fondo del valle, el fuego sube a la cima.

- Una pena en el corazón es peor que diez en el cuerpo.

- El leopardo no puede borrar sus manchas.

- Lo que se dice no se puede desdecir.

- La nieve es blanca pero no se come.

- No se conoce la dificultad de un trabajo hasta haberlo hecho.

- El agua que corre encuentra su camino.

- Por gordos que sean los peces, no los atrapas sin una red.

- Sólo desde la cima del monte se ve la lejanía.

- El camino más largo queda tras tus talones.

- Hasta el pico más alto puede estar bajo tus pies.

- Si no entras en el bosque, no cazarás un oso.

- Aunque las dos manos son iguales, sus capacidades son distintas.

- No persigas a la rata hasta romper tus muebles.

- Esperando comer carne de cisne, llenas tus ojos pero no tu estómago.

- No hagas negocios con tus parientes.

- Aunque la gente vive igual, habla de forma distinta.

- Un gran trueno aún no es lluvia, el rugido del tigre no come al hombre.

- Un buen sueño es tan bueno como un kilo de cordero.

- Cuando el cuco canta en primavera, cien flores florecen.

- Sólo cuando el grano está maduro, el hombre está tranquilo.

- La comida ajena es deliciosa, pero dormir en casa es más dulce.

- Si la madre es hospitalaria, el hijo siempre tendrá techo.

- Mejor perder un padre, aunque sea rey, a una madre, aunque sea mendiga.

- La llamada de la madre suena en todas direcciones.

- Aún teniendo nueve mansiones, de noche basta con una cama.

- Sigue a la cabra en días buenos, y a la oveja en los malos.

- Los chacales no viven en tierra de fieros tigres.

- Las flores más bellas no florecen para siempre.

- Las flores más bellas están a menudo cubiertas por hojas.

- Intoxicado por hongos, no va a la montaña en tres años.

- De la mujer bella no te alimentas, de la virtuosa nunca dejas de hacerlo.

- Hay quien ataca a los otros para elevarse a sí mismo.

- Hay venenos dulces y medicinas amargas.

- Boca dulce, corazón malvado.

- Los hombres malos, tienen malos amigos, y los buenos, buenos.

143

- Envidiando la bella danza de las mariposas, la libélula se cuelga y muere.

- El diente es duro pero sufre caries, la encia es blanda y lo evita.

- Un ratón te muerde el culo y a veces no te enteras.

- Una mano hábil no vence a un corazón ágil.

- El arroz, cuanto más se lava, más blanco, y el carbón, más negro.

- El que roba un huevo de pequeño, de mayor roba un buey.

- El que no aprende de joven, no sabe de viejo.

- El valle profundo siempre tiene agua, la raíz fuerte nunca se quiebra.

- Estar junto al gran río no significa que tengas agua[100].

- Aunque los grandes bosques se quemen, puede que tú no tengas fuego.

- El poder del tigre hay que mostrarlo, el ingenio del hombre, disimularlo.

- El joven es compañero del padre, la joven de la madre.

- Un árbol no hace un bosque ni una casa una aldea.

- Las buenas obras pronto se olvidan, las malas, difícilmente.

---

[100]   Especialmente cierto entre ellos, pues muchos de sus ríos corren entre precipicios.

- El rico se une con el rico, el pobre ayuda al pobre.

- Si el viento no sopla las hojas no se mueven.

- Si la suegra es demasiado lista, la nuera puede dejar la casa.

- Por cazar un animal salvaje, se pierden nueve domésticos.

- Las nubes oscuras no tiñen la nieve, ni la blanca nieve los verdes abetos.

- Si no le crían de pequeño no puede hacerse grande.

- Si la perra ladra los cachorros la imitan.

- Vale más vecino cercano que pariente lejano.

- Si tiras una piedra al cielo te caerá en tu cabeza.

- Se pasan bien tres meses de sol, pero molestan tres días nublados.

- Si no ves al muerto no se te saltan las lágrimas.

- Saber mucho no es una carga, tener buen gusto no cansa.

Bibliografía

Bai Gengsheng. *Nakhi Tiger Myth in Its Context*. En Oral Tradition 16/2 (2001): 240-263.

Bai Gengsheng. *What is symbolized in The battle between black and white*. En Guo Dalie y Yang Shiguang. Researches in Naxi Dongba Culture. Kunming, 1991.

Ceinos Arcones, Pedro. *El Tigre en China: imagen y símbolo*. Miraguano. Madrid. 2010.

Ceinos Arcones, Pedro. *El Matriarcado en China: Madres, reinas, diosas y chamanes*. Miraguano. Madrid. 2011.

Ceinos Arcones, Pedro. *Sons of Heaven, brothers of nature: The Naxi of Southwest China*. Kunming. 2012.

El Pájaro maravilloso. Cuentos Populares Chinos. Editorial de Lenguas Extranjeras, Beijing. 1984.

Goullard, Peter. *The Forgotten Kingdom*. J. Murray. 1957.

He Jiren y Jiang Zhuyi. Naxi yu jian zhi (*Breve introducción a la lengua Naxi*). Editorial de las Nacionalidades. Beijing. 1985.

He Jiezhen. *Colección de Proverbios Naxi*. Editorial de las Nacionalidades de Yunnan. Kunming. 2009.

He Zhiwu. *Selección de las escrituras Dongba de los Naxi* (Naxi dongba jing xuanze). Academia de Ciencias Sociales de Yunnan. Kunming. 1980.

He Zhiwu. *La Migration* (Traducción de Xiaomin Giaferri-Huang). Editions You-Feng. Paris. 1998.

He Zhonghua. *The Naxis, where the goddesses live*. Editorial de la Educación de Yunnan. Kunming. 1995.

Jackson, Anthony. *Naxi Studies: Past, present and future*. En Chien Chiao y Nicholas Tapp. Ethnicity and Ethnic Groups in China. 1989.

Jackson, Anthony. *A Na-khi folktale*. Folklore. Vol. 84, No. 1 (Spring, 1973), pp. 27-37.

Kelkar, Govind, Dev Nathan, Pierre Walter. *Gender Relations in Forest Societies in Asia: Patriarchy at Odds*. 2003 - Social Science.

Li Xi. *A road close to the gods- Dongba painting, "The road to heaven" of the Naxi people.* Peoples Fine Arts Publishing. 2001.

Lin Xiangxiao. *La cultura antigua Naxi y las escrituras Dongba (Dongba jing yuque naxi zu gudai wenhua).* En Dongba wenhua Lunji. Kunming. 1986.

Niu Xiangkui y Zhao Jingxiu. *Lubanlushao.* Editorial del Pueblo de Yunnan. 2009

Ma Changyi. *Cuentos de la mitología china* (Zhongguo shenhua gushi). China Radio and TV Publishing House. Beijing. 1996.

Mathieu, Christine. *A history and Anthropological study of the ancient kingdoms of the Sino-Tibetan borderland- Naxi and Moso.* Mellen Press. 2003.

McKhann, Charles. *Fleshing out the Bones: The Cosmic and Social Dimensions of Space in Naxi Architecture.* En Chien Chiao y Nicholas Tapp (eds.). Ethnicity and Ethnic Groups in China, New Asia Academic Bulletin, v.8, The Chinese University, Hong Kong. 1989.

Mikio Miyamoto. *Guiding the Soul to the Land of the Dead.* http://nierika.web.infoseek.co.jp/so-konroe.htm. Acceso 6-nov-2011.

Nathan, Dev, Goving Kelkar y Yu Xiaokang. *Dominant status of women: A cross-cultural analysis of the Naxi, Dai and Shantals of India.*

Oficina de Publicación y organización de documentos antiguos de las minorías de Yunnan. *Traducción de los principales documentos antiguos de los Dongba Naxi.* Kunming. 1989.

Panorama de la Cultura Naxi (Naxi zu wenhua Daguan). Editorial de las Nacionalidades de Yunnan. Kunming. 1999.

Rock, J.F. *Na-khi Naga cults and related ceremonies.* Imeo. Roma, 1952.

Rock, J.F.. *The Muan Bpo ceremony or the sacrifice to heaven* as *practiced by the Na-khi.* Monumenta Serica. 1948.

Spensley, Alys. *Under the Snow Mountain: Development in Lijiang and Its Effects on Naxi Culture.* En Mitchell, Sam (ed.). Tourism and development in Yunnan. Kunming. 2003

Stutley, Margaret. *Shamanism: a concise introduction.* Rouledge. 2002.

Xi Yuhua. *Naxi women and folk divination.* En Abstracts of theses. Academic conference of the 1999 Lijiang International Dongba Culture and Arts Festival. 1999.

Xi Yuhua. *Shu: Naxi Nature Goddess Archetype.* In Gender relations in forest societies in Asia: patriarchy at odds. By Govind Kelkar, Dev Nathan, Pierre Gilbert Walter. 2002.

148

Zamblera, Stefano. *Appunti di studio sulla storia* della etnia *Naxi* e della frequentazione   umana   nella   regione *di* Lijiang. http://www.xiulong.it/Dongba/storia/-storianaxi.xml. Acceso 21 - dic -2011.

Zhao Lu. *On the religious thought as seen in the Battle of Black and White.*

Zhao Jingxiu y Sha Li. *Ayidan - Cuentos del personaje ingenioso de los Naxi.* Nationalities Press. Beijing. 1999.

Zhongguo yuanshi zongjiao baike quanshu (*Enciclopedia de las religiones originarias de China*) (2003), Chengdu (Ab. EROC).

Zhonghua Minzu Gushi Daxi (*Gran Serie de Cuentos de las Nacionalidades de China*). Editorial de la literatura y el arte. Shanghai. 1995.

149

www.ingramcontent.com/pod-product-compliance
Lightning Source LLC
Chambersburg PA
CBHW070140290526
45789CB00002B/563